建筑信息化服务技术人员职业技术辅导教材

BIM 城市轨道交通专业基础知识

北京绿色建筑产业联盟
北京百高建筑科学研究院　　组织编写
张　波　主编

中国建筑工业出版社

图书在版编目（CIP）数据

BIM城市轨道交通专业基础知识/张波主编．—北京：中国建筑工业出版社，2019.3
建筑信息化服务技术人员职业技术辅导教材
ISBN 978-7-112-23204-8

Ⅰ.①B… Ⅱ.①张… Ⅲ.①城市铁路-轨道交通-计算机辅助设计-应用软件-岗位培训-教材 Ⅳ.①U239.5-39

中国版本图书馆CIP数据核字（2019）第011333号

责任编辑：封 毅 毕凤鸣 张瀛天
责任校对：王 瑞

建筑信息化服务技术人员职业技术辅导教材
BIM城市轨道交通专业基础知识
北京绿色建筑产业联盟
北京百高建筑科学研究院 组织编写
张 波 主编

*

中国建筑工业出版社出版、发行（北京海淀三里河路9号）
各地新华书店、建筑书店经销
北京红光制版公司制版
天津翔远印刷有限公司印刷

*

开本：787×1092毫米 1/16 印张：13¼ 字数：324千字
2019年5月第一版 2019年5月第一次印刷
定价：**45.00**元
ISBN 978-7-112-23204-8
（33275）

编写委员会

总 顾 问：金　淮

顾　　问：路宗存　杨志团　张继菁　于海霞　童利红　郝志宏

主　　编：张　波　北京市轨道交通设计研究院有限公司

副 主 编：霍　滨　兰州市轨道交通有限公司

　　　　　聂鑫路　重庆市轨道交通建设办公室

　　　　　李宏安　北京市轨道交通建设管理有限公司

　　　　　张登科　北京市基础设施投资有限公司

编写人员：

北京市轨道交通设计研究院有限公司：马　矗　苑露莎　王　辉　桑学文

　　　　　　　　　　　　　　　　　　王浩任　杜新明　周明科　孟　涛

　　　　　　　　　　　　　　　　　　张　鑫　张　蓉

北京市轨道交通建设管理有限公司：高银鹰　张志伟　孙希波

中铁建华北投资发展有限公司：段宪锋　张健铭

北京市基础设施投资有限公司：刘立军　李晨明

天津滨海新区轨道交通投资发展有限公司：和杉剑　马　玏

呼和浩特市城市轨道交通建设管理有限责任公司：张振义　金涛滨

北京工业大学：刘占省　刘习美

广州市新誉工程咨询有限公司：李绪泽　危志勇

丛 书 总 序

中共中央办公厅、国务院办公厅印发《关于促进建筑业持续健康发展的意见》（国发办〔2017〕19号），住房城乡建设部印发《2016—2020年建筑业信息化发展纲要》（建质函〔2016〕183号），《关于推进建筑信息模型应用的指导意见》（建质函〔2015〕159号），国务院印发《国家中长期人才发展规划纲要（2010—2020年）》《国家中长期教育改革和发展规划纲要（2010—2020年）》，教育部等六部委联合印发的《关于进一步加强职业教育工作的若干意见》等文件，以及全国各地方政府相继出台多项政策措施，为我国建筑信息化BIM技术广泛应用和人才培养创造了良好的发展环境。

当前，我国的建筑业面临着转型升级，BIM技术将会在这场变革中起到关键作用；也必定成为建筑领域实现技术创新、转型升级的突破口。围绕住房城乡建设部印发的《推进建筑信息模型应用指导意见》，在建设工程项目规划设计、施工项目管理、绿色建筑等方面，更是把推动建筑信息化建设作为行业发展总目标之一。国内各省市行业行政主管部门已相继出台关于推进BIM技术推广应用的指导意见，标志着我国工程项目建设、绿色节能环保、装配式建筑、3D打印、建筑工业化生产等要全面进入信息时代。

如何高效利用网络化、信息化为建筑业服务，是我们面临的重要问题；尽管BIM技术进入我国已经有很长时间，所创造的经济效益和社会效益只是星星之火。不少具有前瞻性与战略眼光的企业领导者，开始思考如何应用BIM技术来提升项目管理水平与企业核心竞争力，却面临诸如专业技术人才、数据共享、协同管理、战略分析决策等难以解决的问题。

在"政府有要求，市场有需求"的背景下，如何顺应BIM技术在我国运用的发展趋势，是建筑人应该积极参与和认真思考的问题。推进建筑信息模型（BIM）等信息技术在工程设计、施工和运行维护全过程的应用，提高综合效益，是当前建筑人的首要工作任务之一，也是促进绿色建筑发展、提高建筑产业信息化水平、推进智慧城市建设和实现建筑业转型升级的基础性技术。普及和掌握BIM技术（建筑信息化技术）在建筑工程技术领域应用的专业技术与技能，实现建筑技术利用信息技术转型升级，同样是现代建筑人职业生涯可持续发展的重要节点。

为此，北京绿色建筑产业联盟特邀请国际国内BIM技术研究、教学、开发、应用等方面的专家，组成BIM技术应用型人才培养丛书编写委员会；针对BIM技术应用领域，组织编写了这套BIM工程师专业技能培训与考试指导用书，为我国建筑业培养和输送优秀的建筑信息化BIM技术实用性人才，为各高等院校、企事业单位、职业教育、行业从业人员等机构和个人，提供BIM专业技能培训与考试的技术支持。这套丛书阐述了BIM技术在建筑全生命周期中相关工作的操作标准、流程、技巧、方法；介绍了相关BIM建模软件工具的使用功能和工程项目各阶段、各环节、各系统建模的关键技术。说明了BIM技术在项目管理各阶段协同应用关键要素、数据分析、战略决策依据和解决方案。提出了推动BIM在设计、施工等阶段应用的关键技术的发展和整体应用策略。

我们将努力使本套丛书成为现代建筑人在日常工作中较为系统、深入、贴近实践的工具型丛书，促进建筑业的施工技术和管理人员、BIM 技术中心的实操建模人员、战略规划和项目管理人员，以及参加 BIM 工程师专业技能考评认证的备考人员等理论知识升级和专业技能提升。本丛书还可以作为高等院校的建筑工程、土木工程、工程管理、建筑信息化等专业教学课程用书。

本套丛书包括四本基础分册，分别为《BIM 技术概论》《BIM 应用与项目管理》《BIM 建模应用技术》《BIM 应用案例分析》，为学员培训和考试指导用书。另外，应广大设计院、施工企业的要求，我们还出版了《BIM 设计施工综合技能与实务》《BIM 快速标准化建模》等应用型图书，并且方便学员掌握知识点的《BIM 技术知识点练习题及详解（基础知识篇）》《BIM 技术知识点练习题及详解（操作实务篇）》。后续我们还将陆续推出面向 BIM 造价工程师、BIM 装饰工程师、BIM 电力工程师、BIM 机电工程师、BIM 铁路工程师、BIM 轨道交通工程师、BIM 工程设计工程师、BIM 路桥工程师、BIM 成本管控、装配式 BIM 技术人员等专业方向的培训与考试指导用书，覆盖专业基础和操作实务全知识领域，进一步完善 BIM 专业类岗位能力培训与考试指导用书体系。

为了适应 BIM 技术应用新知识快速更新迭代的要求，充分发挥建筑业新技术的经济价值和社会价值，本套丛书原则上每两年修订一次；根据《教学大纲》和《考评体系》的知识结构，在丛书各章节中的关键知识点、难点、考点后面植入了讲解视频和实例视频等增值服务内容，让读者更加直观易懂，以扫二维码的方式进入观看，从而满足广大读者的学习需求。

感谢各位编委们在极其繁忙的日常工作中抽出时间撰写书稿。感谢清华大学、北京建筑大学、北京工业大学、华北电力大学、云南农业大学、四川建筑职业技术学院、黄河科技学院、湖南交通职业技术学院、中国建筑科学研究院、中国建筑设计研究院、中国智慧科学技术研究院、中国建筑西北设计研究院、中国建筑股份有限公司、中国铁建电气化局集团、北京城建集团、北京建工集团、上海建工集团、北京中外联合建筑装饰工程有限公司、北京市第三建筑工程有限公司、北京百高教育集团、北京中智时代信息技术公司、天津市建筑设计院、上海 BIM 工程中心、鸿业科技公司、广联达软件、橄榄山软件、麦格天宝集团、成都孺子牛工程项目管理有限公司、山东中永信工程咨询有限公司、海航地产集团有限公司、T-Solutions、上海开艺设计集团、江苏国泰新点软件、浙江亚厦装饰股份有限公司、文凯职业教育学校等单位，对本套丛书编写的大力支持和帮助，感谢中国建筑工业出版社为丛书的出版所做出的大量的工作。

北京绿色建筑产业联盟执行主席　陆泽荣

2019 年 1 月

本 书 序

由于城市轨道交通建设工程具有建设规模大、周期长、建设成本高、周边环境复杂、涉及专业众多、项目参与单位众多协作复杂、资产管理难度大等特点，导致在 BIM 实施过程涉及的模型标准、应用内容、组织模式千差万别，无法充分发挥 BIM 的应用价值，也给 BIM 管理工作带来困难。因此 BIM 与传统建设过程的充分结合显得尤为重要。

首先，城市轨道交通 BIM 开展应体现阶段应用与整体应用相结合。基于数字城市轨道交通建设规模大、周期长等特点，使得 BIM 在实现工程数字化交付的基础上，即可在工程可行性研究、初步设计、施工图设计和施工等建设全过程应用，也在设计或建设过程中部分阶段应用。

其次城市轨道交通 BIM 开展应体现实效应用与长远规划相结合。基于数字城市轨道交通建设成本高的特点，使得 BIM 在实施过程中，即要通过深化设计和工程筹划，提前发现施工问题，减少返工、实效降低成本，又要进行长期的 BIM 实施规划，不断进行数字化建设的投资。

再次，BIM 开展应体现与其他多种形式的数据采集方式相结合。基于数字城市轨道交通工程周边环境复杂、涉及专业众多等特点，仅仅依靠 BIM 无法实现全面、准确的数据采集，需要结合 GIS、物联网、移动通信等多种技术。

住房城乡建设部办公厅 2018 年发布了《城市轨道交通工程 BIM 应用指南》，为数字城市轨道交通建设绘制"蓝图"，各地结合城市轨道交通规划、建设和运营的情况陆续深入开展 BIM 应用，推进城市轨道交通工程建设的数字化交付，从而提升建筑业数字化建设水平。

"理论研究"加"实践验证"，促成该书出炉。这是一部值得不同专业、不同工种、不同层次的城市轨道交通建设的参与者阅读的书，该书内容不拘泥于 BIM 应用本身，而是从整个城市轨道交通的建设模式、建设阶段和专业构成等多角度阐述 BIM 的实施。

该书尤其侧重与向读者介绍城市轨道交通 BIM 的基础知识，注重对城市轨道交通工程 BIM 实施的建模方法、组织模式、各方工作内容、各阶段 BIM 应用内容制定了详细阐述，对如何推动数字化建设给出了系统指导，为城市轨道交通工程建设的信息集成、精细化施工、数字化交付提供了有力支撑。

金 淮

2018 年 12 月

前　言

BIM 是在计算机辅助设计（CAD）等技术基础上发展起来的多维模型信息集成技术，是对建筑工程物理特征和功能特性信息的数字化承载和可视化表达。信息化是建筑产业现代化的主要特征之一，BIM 应用作为建筑业信息化的重要组成部分，必将极大地促进建筑领域生产方式的变革。

近年来，国家在政策层面对 BIM 技术的推广给予了大力的支持。《2011—2015 年建筑业信息化发展纲要》将"加快建筑信息模型（BIM）等新技术在工程中的应用"列入"十二五"建筑业信息化发展的总体目标和重要任务之一，2015 年《关于推进建筑信息模型应用的指导意见》明确了我国建筑业到 2020 年的 BIM 发展目标。我国《2016—2020 年建筑业信息化发展纲要》提出，"十三五"时期全面提高建筑业信息化水平，着力增强 BIM、大数据、智能化、移动通信、云计算、物联网等信息技术集成应用能力，建筑业数字化、网络化、智能化取得突破性进展，初步建成一体化行业监管和服务平台，数据资源利用水平和信息服务能力明显提升，形成一批具有较强信息技术创新能力和信息化应用达到国际先进水平的建筑企业及具有关键自主知识产权的建筑业信息技术企业。信息化是建筑产业现代化的主要特征之一，BIM 应用作为建筑业信息化的重要组成部分，必将极大地促进建筑领域生产方式的变革。

在国家政策支持下，各大城市纷纷开展了城市轨道交通工程建设期的 BIM 应用研究，探索基于 BIM 的工程建设和交付的新模式，城市轨道交通领域内 BIM 应用呈现百花齐放的景象。然而，由于认知差异、发包模式限制、技术条件约束、标准体系缺乏等因素，各地轨道交通的 BIM 应用均在摸索前进，缺乏系统性的长远规划和有效组织，BIM 应用的效果参差不齐，一定程度上造成了资源浪费。城市轨道交通工程各建设单位期望在总体规划、组织模式、职责划分、应用内容、技术体系、交付要求等方面获得系统性指导。为科学引导城市轨道交通工程领域的 BIM 应用工作，住房和城乡建设部曾在 2016 年、2017 年连续两年组织专题研究，组织全国城市轨道交通工程领域的技术资源分别开展《BIM 技术在城市轨道交通工程设计、施工应用研究》和《BIM 技术在城市轨道交通工程应用实践研究》，并组织制定了《城市轨道交通工程 BIM 应用指南》（建办质函〔2018〕274 号）（以下简称《指南》），为数字城市轨道交通建设绘制"蓝图"，《指南》对城市轨道交通工程 BIM 应用的组织模式、各方工作内容、各阶段 BIM 应用内容制定了详细要求，明确了城市轨道交通工程全生命期的 BIM 应用目标，对如何推动数字化建设给出了系统指导，为城市轨道交通工程建设的安全生产、提质增效、节能环保提供了有力支撑。

本书以《指南》理念为基础，结合各地的城市轨道交通工程 BIM 应用经验，以数字城市轨道交通建设与管理为主线，对城市轨道交通 BIM 实施的基础知识进行阐述，为城市轨道交通各参建方开展基础的 BIM 工作提供参考。

本书共分 5 章，第 1 章为城市轨道交通分类特点及城市轨道交通实施 BIM 必要性概述；第 2 章主要介绍了城市轨道交通建设各个阶段的工作内容及 BIM 工作体系；第 3 章介绍了城市轨道交通的构成及其 BIM 表达，并介绍了 BIM 数据集成与管理平台的内容；第 4 章具体介绍了不同阶段 BIM 应用内容和方法；第 5 章以北京市轨道交通 19 号线一期和兰州轨道交通 1 号线典型车站为例，具体讲述 BIM 的实际应用情况。

城市轨道交通作为城市公共基础设施极其重要的组成部分，是一项庞大复杂的系统性工程，参建单位众多、运维周期长。各参建单位应积极开展数字城市轨道交通建设，参考本书内容，结合实际应用 BIM，在建设阶段形成数字成果。数字成果也将会在城市轨道交通后期智能运维中继续发挥作用，并成为数字基础设施的重要组成部分，对推动实施国家大数据战略、建设数字中国意义重大。

目　　录

第 1 章　城市轨道交通与 BIM 背景

本章导读

　　城市轨道交通作为城市道路交通不可缺少的一部分，是解决城市交通拥堵问题、空气质量下降等问题的重要交通出行方式。城市轨道交通从 19 世纪发展到现在，已经进入了高速发展阶段，世界各地城市轨道交通建设如火如荼，城市轨道交通发展也更加先进和智能化。

　　BIM 技术以信息化的三维模型为基础，通过对项目信息的收集、交换、管理、存储和更新，可为建设项目全生命期中的不同阶段和不同参与方提供及时、准确、完善的信息，用以支持不同阶段、不同项目参与方以及不同应用软件之间的信息交流和共享，最终实现项目设计、施工、运营、维护效率和质量的提高。把城市轨道交通与 BIM 技术较好地结合在一起，将会创造巨大的经济效益和社会效益，这也是我国目前正在解决的重大课题。

　　本章主要介绍了城市轨道交通的类型和特点，以及城市轨道交通实施 BIM 技术的必要性。

1.1　定义

城市轨道交通为采用轨道结构进行承重和导向的车辆运输系统，依据城市交通总体规划的要求，设置全封闭或部分封闭的专用轨道线路，以列车或单车形式，运送相当规模客流量的公共交通方式，如图 1.1-1、图 1.1-2 所示。包括地铁系统、轻轨系统、单轨系统、有轨电车、磁浮系统、自动导向轨道系统和市域快速轨道系统。[1]

图 1.1-1　全封闭轨道线路　　　　　　　　图 1.1-2　半封闭轨道线路

城市轨道交通在全世界的发展大致经历了四个阶段，现汇总如表 1.1-1。

城市轨道交通发展　　　　　　　　　　　　　　表 1.1-1

初始发展阶段 （1863~1924 年）	1. 世界上第一条地铁线路：1863 年 1 月 19 日英国伦敦建成通车，长 6.4km，蒸汽机牵引； 2. 首次采用盾构法施工：1874 年，英国伦敦； 3. 首次采用电力机车牵引：1890 年，英国伦敦； 4. 芝加哥、费城、波士顿、巴黎、柏林、汉堡、纽约、马德里等城市化发展较快
停滞萎缩阶段 （1924~1949 年）	1. 第二次世界大战以后，城市轨道交通的发展产生了停滞和萎缩； 2. 汽车工业的飞速发展影响了城市轨道交通的继续普及； 3. 东京、莫斯科、大阪等部分城市开始发展城市轨道交通
重新发展阶段 （1949~1969 年）	1. 汽车过度增加造成了道路拥堵，空气、噪声污染，能源危机等问题，城市轨道交通重新得到重视； 2. 许多国家开始修建地铁，城市轨道交通的发展从欧美扩展到亚洲国家
高速发展阶段 （1970 年至今）	1. 城市化的趋势导致人口高度集中，许多城市出现交通拥堵问题，城市轨道交通凭借其本身大运量、高效率、节约土地资源的优势在世界范围内普及； 2. 以地铁建设里程为例，截至 2017 年末，中国地铁通车里程达 3095km，美国达 1100 多 km，欧洲达是 2000 多 km

另外，城市轨道交通近几年在我国有很大的发展，根据《2018—2023 年中国城市轨道交通行业市场前瞻与投资战略规划分析报告》数据显示，截至 2017 年末，全国轨道交通线路平均运营里程长度为 28km，单轨平均运营里程达到 42.1km，轻轨平均运营里程达 36.6km，地铁平均运营里程在 30.6km 左右；而磁悬浮、有轨电车和 APM（无人驾驶系统制式轨道交通）平均运营历程较短。中国内地城市轨道交通共投入运营开通线路 165

条，运营线路长度达到 5033km。其中，地铁 3884km，占比 77.2%；其他制式城轨交通运营线路长度约 1149 km，占比 22.8%。[2] 截至 2017 年 12 月 31 日我国城市轨道交通运营线路长度排名前十的城市汇总如表 1.1-2。

序号	城市	截至 2017 年 12 月 31 日运营线路长度（km）							
		合计	地铁	轻轨	单轨	现代有轨电车	磁浮交通	自动导向轨道	市域快轨
1	上海	731.37	636.37			9.00	30.00		56.00
2	北京	684.40	587.80			9.40	10.20		77.00
3	南京	364.91	177.19			17.10			170.62
4	广州	357.93	346.23			7.70		4.00	
5	深圳	298.22	286.50			11.72			
6	成都	269.34	175.14						94.20
7	重庆	264.57	166.07		98.50				
8	武汉	251.16	200.90	33.40		16.86			
9	大连	181.27	56.27	101.00		24.00			
10	天津	175.30	115.30	52.00		8.00			

我国内地前十城市轨道交通运营线路长度　　　　表 1.1-2

1.2 分类

1.2.1 地铁系统

地铁是一种大运量的轨道运输系统，采用钢轮钢轨体系，标准轨距为 1435mm，主要在大城市地下空间修筑的隧道中运行，当条件允许时，也可穿出地面，在地上或高架桥上运行。[1] 地铁系统常用的车型有 A 型、B 型、L_B 型，如图 1.2.1-1、图 1.2.1-2 所示。地铁站间距较密，采用电力驱动，线路全封闭，信号自动化控制，具有准时快速的特征，单向高峰输送能力在 3 万人次/h 以上，列车编组一般是 4～10 节/列。

图 1.2.1-1　我国首辆 A 型地铁

图 1.2.1-2　我国首辆 B 型地铁

1.2.2　轻轨系统

轻轨系统是一种中运量的轨道运输系统，采用钢轮钢轨体系，标准轨距为 1435mm，主要在城市地面或高架桥上运行，线路采用地面专用轨道或高架轨道，遇繁华地区，也可进入地下与地铁接轨。[1]轻轨系统常用的车型是 C 型、Lc 型。轻轨是在有轨电车基础上发展起来的，由电气牵引，轮轨导向，列车或车辆编组运行在专用行车道上的城市轨道交通系统，输送能力介于地铁和有轨列车之间，列车编组一般是 2～6 节/列。重庆和长春轻轨如图 1.2.2-1 和图 1.2.2-2 所示。

图 1.2.2-1　重庆轻轨　　　　　　　　　　图 1.2.2-2　长春轻轨

1.2.3　单轨系统

单轨系统是一种车辆与特制轨道梁组合成一体运行的中运量轨道运输系统，轨道梁不仅是车辆的承重结构，同时也是车辆运行的导向轨道。[1]

单轨铁路主要分成两类。一种较为常见的是跨座式单轨铁路，列车跨座在路轨之上，两旁盖过路轨，如图 1.2.3-1 所示；另一种是悬挂式单轨铁路，悬挂在轨道之下，如图 1.2.3-2 所示。

图 1.2.3-1　跨座式单轨　　　　　　　　　图 1.2.3-2　悬挂式单轨

1.2.4　有轨电车

有轨电车是一种低运量的城市轨道交通，电车轨道主要铺设在城市道路路面上，车辆与其他地面交通混合运行[1]，如图 1.2.4-1 和 1.2.4-2 所示。以电力驱动，采用轨道支撑引导，兼有公共汽车与铁路列车的特性，系统具有较大弹性和可扩展空间，在世界各地发展有多种形式。[3]

图 1.2.4-1 大连老式有轨电车

图 1.2.4-2 深圳新式有轨电车

1.2.5 磁浮系统

磁浮列车利用电导磁力悬浮技术使列车上浮，车辆不需要设车轮、车轴、齿轮传动机构和架空输电线网，列车运行方式为悬浮状态，采用直线电机驱动行驶。目前，磁浮系统主要有两种类型：一种是高速磁悬浮列车，其最高行车速度可达 500km/h；另一种是低速磁悬浮列车，其最高行车速度可达 100km/h。[1]

我国第一辆磁悬浮列车（购自德国）2003 年 1 月开始在上海磁浮线运行。2015 年 10 月中国首条国产磁悬浮线路长沙磁浮线成功试跑。2016 年 5 月 6 日，中国首条具有完全自主知识产权的中低速磁悬浮商业运营示范线——长沙磁浮快线开通试运营，该线路也是世界上最长的中低速磁浮运营线。2018 年 6 月，我国首列商用磁浮 2.0 版列车在中车株洲电力机车有限公司下线，如图 1.2.5-1 和图 1.2.5-2 所示。

图 1.2.5-1 我国第一辆磁悬浮列车

图 1.2.5-2 我国首辆自主研发磁悬浮列车

1.2.6 自动导向轨道系统

自动导向轨道系统（AGT，Automated Guideway Transit），是一种车辆采用橡胶轮胎在专用轨道上运行的中运量旅客运输系统，其列车沿着特制的导向装置行驶，车辆运行和车站管理采用计算机控制，可实现全自动化和无人驾驶技术。[1]自动导向轨道系统在市区为地下隧道，在郊外采用高架结构，车辆较地铁和轻轨小，编组 2～6 节，适用于单向 1 万人次/h 客运量及以下的情况。

自动导向轨道系统在美国早期称为 Horizontal Elevators, sky bus 或 Transit Expressway, 近期统称 People Mover System。在法国被称为 Vehicule Automatique Legar (VAL)。在日本以"新交通系统"统称 AGT, 如图 1.2.6-1 所示。

加拿大温哥华的空中列车建成于 1986 年, 一期工程总长 21.4km, 包括地面、地下和高架, 利用市中心停止使用的铁路隧道, 1995 年延伸, 总长 29km, 成为全自动无人驾驶轨道交通的最长线路, 如图 1.2.6-2 所示。

图 1.2.6-1 日本神户自动轨道运输线 　　　　图 1.2.6-2 加拿大空中列车

1.2.7 市域快速轨道系统

市域快速轨道系统是一种大运量的轨道运输系统, 主要在地面或高架桥上运行, 必要时也可采用隧道, 适用于城市区域内重大经济区之间中长距离的客运交通, 如图 1.2.7-1 和图 1.2.7-2 所示。[1]

图 1.2.7-1 我国首列市域铁路成灌线 　　　　图 1.2.7-2 我国首列自主研制温州市域铁路

1.2.8 各个城市轨道交通系统比较

城市轨道各系统比较[4] 　　　　表 1.2.8

分类	特征	优缺点及适用地区
地铁	高运量, 客运能力为 4.5 万～7 万人次/h; 大运量, 客运能力为 2.5 万～5 万人次/h; 平均运行速度大于 35km/h; 最高行车速度不小于 80km/h	优点: 运量大、速度快、安全、准时、舒适、节约城市土地资源; 缺点: 噪声大、造价高, 发生火灾等自然灾害乘客疏散较困难; 适用地区: 特大、大城市中心区域

分类	特征	优缺点及适用地区
轻轨	中运量，客运能力为 1 万～3 万人次/h； 平均运行速度大于 25～35km/h； 最高行车速度不小于 60km/h	优点：能耗低、技术成熟； 缺点：振动噪声大； 适用地区：大、中城市
单轨	中运量，跨座式客运能力为 1 万～3 万人次/h， 平均运行速度为 30～35km/h； 悬挂式客运能力为 0.8 万～1.25 万人次/h， 平均运行速度大于 20km/h	优点：噪声低、爬坡能力强、转弯半径小、占用土地少、能适应复杂地形要求、建设工期短、造价低、对城市景观影响较小； 缺点：胶轮易老化； 适用地区：大、中城市，专用线路
有轨电车	低运量，单箱或铰接式有轨电车客运能力为 0.6 万～1 万人次/h；平均运行速度为 15～25km/h； 导轨式胶轮电车客运能力小于 1 万人次/h，最高运行速度 70km/h	优点：布线灵活，造价低，上下车方便； 缺点：与其他车辆混行，受路口红绿灯的控制，正点率低，噪声大，加减速性能较差； 适用地区：中、小城市，专用线路
磁悬浮列车	中运量，客运能力为 1.5 万～3 万人次/h，高速磁悬浮列车最高行车速度为 500km/h，中低速最高行车速度为 100km/h	优点：噪声低、爬坡能力强、转弯半径小； 缺点：胶轮易老化； 适用地区：城市机场专用线或客流相对集中的点对点线路
自动导向轨道系统	中运量，客运能力为 1 万～3 万人次/h，平均运行速度大于 25km/h	优点：爬坡能力强、转弯半径小、振动噪声低、占地面积小、自动化程度高、既节省人力又节省费用； 缺点：能耗略高、车辆造价较高； 适用地区：大、中城市、大城市开发区、山地城市、江河城市等
市域快速轨道系统	大运量，客运量可达 20 万～45 万人次/d，运行速度可达 120km/h	优点：能耗低、技术成熟； 缺点：振动噪声大； 适用地区：城市长距离郊区

1.3 特点

1.3.1 城市轨道交通的运行特点

1.3.1.1 速度快

城市轨道交通具有良好的线路条件与控制体系，运行准时，有独立轨道，不会与其他交通方式发生冲突，速度快。以北京市地铁 1 号线为例，从苹果园至四惠东方向运行时长约为 53min，线路长度为 31.04km，平均运行时速为 35.14km/h，最高运行时速可达 75km/h。

1.3.1.2 污染少

城市轨道交通将分散的出行方式集中化，可以提高城市运输量和速度，有效降低汽车使用频率，减少尾气排放。而且城市轨道交通耗用电力，大大地减少了石油的耗费，环保质量较高。

1.3.1.3　运量大

大部分城市轨道交通是列车编组运行，运量大。[5] 从北京市交通委员会公布的信息看，2017 年 7 月客运总量为 60793.81 万人次，其中 19 条轨道交通线路客运量为 33556.30 万人次，而 894 条公共电汽车客运量为 27237.51 万人次，可见轨道交通客运量是远远大于其他城市交通形式的客运量。

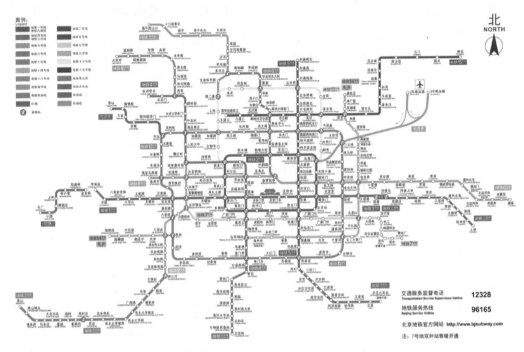

图 1.3.1.3　北京城市轨道交通线网图

1.3.1.4　占地面积小

城市轨道交通可采用地下或高架敷设方式，拥有全隔离或半隔离路权，占用较少的道路资源，但却可以极好地改善城市交通拥堵问题。

1.3.2　城市轨道交通的建设特点与挑战

1.3.2.1　建设规模大，周期长

一条普通的城市轨道交通线路，从项目论证、项目立项、规划选线、初步设计到建设实施，少则 2～3 年，多则 10 余年甚至更长；建设周期 4～5 年，而在建设过程中，人员变动频繁，市场变化波动不断，增大了建设难度。

1.3.2.2　建设成本高

以北京地铁 4 号线为例，建设成本约 53708 万元/km，运营成本总额随着客运量的增加逐年增大，2035 年将达到 65514 万元。高额的建设成本，对数字轨道交通的建设既提供有利资金条件，但同时又提出了较高的成本控制应用目标。

1.3.2.3 周边环境复杂

城市轨道交通的建设工程庞大,建设期间会涉及拆迁、挖掘、运输等工作,会对沿线居民生活、城市景观、交通运行及城市绿化等产生较大影响;而且建设区域内普遍存在地质条件复杂、建(构)筑物种类繁多、地下管线、隐蔽结构形式复杂等问题,增加了项目施工难度,如图 1.3.2.3-1 和图 1.3.2.3-2 所示。

图 1.3.2.3-1 地铁明挖作业　　　　图 1.3.2.3-2 地铁暗挖作业

1.3.2.4 涉及专业众多

城市轨道交通工程建设过程中除了建筑、结构、风、水、电之外,还涉及线路、限界、轨道、通信、信号、牵引供电、AFC、综合监控、PIS、屏蔽门等多个专业的多个设备系统,如图 1.3.2.4 所示。在漫长的建设过程中,由于外部条件的变化,会出现很多工程变更,而大多数的简单变更,都要涉及多个专业与部门。城市轨道交通项目的规划、设计、建设和运营等各个阶段,涉及交通学、工程项目管理、社会学、经济学、管理学和环境学等多门综合学科的知识,对数字城市轨道交通实施者的专业广度提出了挑战。

消防与安防系统
通风与制冷系统
售检票系统
电梯维护系统
给水排水系统
照明系统
供电系统
车辆检修
系统运行与维护
交通运营组织
……

图 1.3.2.4 地铁运营所涉及的众多子系统

1.3.2.5 项目参与单位众多,协作难度大

城市轨道交通的建设是一项庞大复杂的系统性工程,参建单位众多。建设项目的设计以及工程的管理工作极为复杂,需要城市轨道交通实施团队内部各个专业间的密切配合,频繁地进行设计信息的沟通,并且与业主、施工单位、监理等多个建设参与方进行多种形式的交互协作来完成。因此更加强调多专业、多行业、多企业的协同。

1.3.2.6 资产管理难度大

城市轨道交通资产管理是一个系统工程。首先,涉及的单位众多,有负责审批验收的政府部门，有参与建设的设计、供货、施工、安装、监理单位；从设计专业看，轨道交通技术专业涉及土建、供电、车辆、通信、信号、轨道等，其资产特性各异，资产管理方式也应随之变化，无法采用统一的方式。其次，管理内容多，资产管理涉及投融资策划、合同管理、风险控制等方面内容。再次，管理环节多，牵涉的设施设备数量庞大，各个环节需要有规范的管理流程，以便减少资产流失，实现资产高效利用。

1.4　城市轨道交通 BIM 应用背景及必要性

1.4.1　城市轨道交通 BIM 应用现状分析

1.4.1.1　政策背景

1. 国内政策背景

在国家"十五""十一五"科技支撑计划，列入了 IFC 标准和 BIM 的研究课题。在国家住房和城乡建设部颁发的《2011—2015 年建筑业信息化发展纲要》中，将"加快建筑信息模型（BIM）等新技术在工程中的应用"列入"十二五"建筑业信息化发展的总体目标和重要任务之一。

"十一五"期间，北京、辽宁、山东、广东、陕西、上海、广西、黑龙江、湖南等多个省市都相继出台了推进 BIM 技术应用的通知或指导意见，鼓励 BIM 技术在建筑行业中的应用。

至 2015 年，住房和城乡建设部发布了《关于推进建筑信息模型应用的指导意见》，从国家层面确定了 BIM 推广的原则与路线，制定了到 2020 年的发展目标。

2. 国外政策背景

BIM 应用在国外最早起源于北美和欧洲的几个国家，随着其效益的日益凸显，其他地区和国家也开始陆续推动 BIM 技术发展。整体来看，国外 BIM 技术应用政策路线的制定以及实施推动主要有政府部门推动、行业组织（协会）推动以及企业自发推动三种模式，如表 1.4.1.1 所示。

国外 BIM 推广方式　　　　　　　　　　　　表 1.4.1.1

推广模式	典型国家	推进部门/组织	相关目标和计划
政府推进	英国	英国内阁办公室	2011 年发布 BIM 技术应用第一个五年计划； 2016 年政府项目全面实现协同 3D-BIM 总目标
	新加坡	新加坡国家建设局	2011 年发布 BIM 技术应用发展规划路线；明确推动建筑业在 2015 年前广泛使用 BIM 技术的课程，提供 BIM 专业学位
	澳大利亚	澳大利亚建筑环境工业理事会	2012 年发布《国家 BIM 技术应用行动方案》和详细的"国家 BIM 技术应用蓝图"； 2016 年 7 月 1 日起所有澳大利亚政府的建筑采购使用基于开放标准的全三维协同 BIM 技术进行信息交换
	韩国	韩国公共采购服务中心	2010 年 4 月发布了 BIM 技术应用路线图，要求在 2016 年前全部公共工程应用 BIM 技术

推广模式	典型国家	推进部门/组织	相关目标和计划
政府推进	美国	美国总务署（GAS）	2003 年推动全国 3D-4D-BIM 计划，从整个项目生命周期的角度来探索 BIM 技术的应用
		美国陆军工程兵团（USACE）	2005 年成立了项目交付小组来研究 BIM 技术的价值、为 BIM 技术应用策略提供建议，并于 2006 年发布了为期 15 年的 BIM 技术应用发展路线，承诺未来所有军事建筑项目都将使用 BIM 技术
行业组织推动	美国	美国 Building SMART 联盟	聚集在使用各方如何在项目生命周期各阶段共享准确的项目信息，其下属的美国国家 BIM 技术标准项目委员会（NBIMS-US）专门负责美国国家 BIM 技术标准（NBIMS）的研究与制定
企业自发推动	挪威、丹麦、瑞典、芬兰		北欧国家主要在建筑预制化领域及早部署了 BIM 技术，促进包含丰富数据和模型的 BIM 技术发展

国外在政策的宏观成熟度上，英国和美国较为成熟，韩国也表现出了同等的优势；在推广动力方面，英国动力最强；在政策行动上，美国、芬兰、韩国偏向于研究、教育和激励，而英国则比较侧重于强制和监督的方式。

1.4.1.2 应用现状

本书编写组于 2016～2017 年通过对全国开展轨道交通建设的城市进行问卷调查和实地考察，对我国城市轨道交通 BIM 的发展水平总结如下：

1. BIM 在城市轨道交通工程的应用普及率已超过 1/2；目前国务院批复了 39 座城市轨道交通工程近期建设规划，已开展 BIM 技术应用的有 22 个城市，占比 56.4%；

2. 已形成轨道交通全线规模应用；在已开展 BIM 应用的 22 个城市中，开展全线 BIM 应用的城市占 81.8%，采取单点应用的城市占 18.2%；

3. BIM 应用的投资额逐年增加；平均每个工点全生命期应用平均投资额在 40 万元以上；

4. Revit 和 Bentley 是国内 BIM 应用的主流软件，其中使用 Revit 软件占比 81.4%，使用 Bentley 占比 14.8%；

5. 基于三维实体技术方面的 BIM 应用较为成熟，尤其是在管线综合、碰撞检测、施工深化、图纸检查等方面。但如何利用 BIM 的数据整合能力，建设数字城市轨道交通尚在研究中。

1.4.2 我国城市轨道交通 BIM 实施的问题与挑战

1. 实施标准不健全

目前国内各地城市轨道交通工程的应用条件不同，标准并不能通用。并且缺乏完整的、具有普适性和可操作性的国家标准供参考。

2. 软件与平台尚不成熟

目前国内外主流商业平台多为资料管理系统，对城市轨道交通工程建设全生命期数据的采集、存储及应用缺乏针对性和适用性。

3. 专业人才缺少

城市轨道交通工程 BIM 实施涉及工程技术、项目管理、模型建设、软件开发、数据管理等多方面专业知识，需要 BIM 建模、应用、开发及管理等多梯度人才相匹配，目前社会人才体系和人才队伍尚不能满足需要。

4. 管理体系不完善

城市轨道交通工程 BIM 实施并不仅仅是简单技术问题，由于其改变了传统行业内各专业的工作协同方式，在一定程度上重组了传统的业务流程，使得各方的工作关系发生了改变。目前配套的政策、法规体系尚不能满足其需要。

1.4.3　我国城市轨道交通 BIM 实施的必要性

1.4.3.1　BIM 技术在城市轨道交通建设项目中的重要作用

BIM（Building Information Modeling），是指在建设工程及设施全生命期内，对其物理和功能特性进行数字化表达，并依此设计、施工、运营的过程和结果的总称。[6]BIM 技术是自 CAD 技术之后出现的一项在建筑领域广泛应用的计算机信息技术。BIM 技术 20 世纪 90 年代起源于欧美，是以三维数字技术为基础，集成了建筑工程项目各种相关信息的工程数据模型，把 BIM 技术应用在传统的工程项目建设中，可以实现：

1. 可视化的方案成果展现

传统设计方法设计的图纸采用二维表示法，表达方式抽象，只有经过专业训练并有实践经验的人才能正确和完整地解读，这给将来运营维护人员提出了非常高的要求。BIM 提供的可视化思路，将以往的线条式构件形成三维立体图形展示在人们的面前。BIM 技术的可视化是一种构件之间形成互动性和反馈性的可视，在 BIM 建筑信息模型中，由于整个过程都是可视化的，可视化结果不仅可以用来效果图展示及报表生成，而且在项目规划、设计、建造、运营过程中的沟通、讨论、决策都在可视化的状态下进行，大大提高了沟通交流效率，如图 1.4.3.1-1 所示。

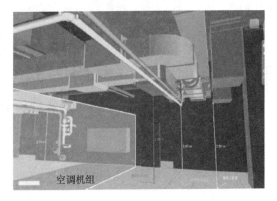

图 1.4.3.1-1　BIM 可视化成果

2. 三维环境下多专业协同工作

二维设计图纸难以对建筑物的所有内容及关系进行完整的表达，图纸之间及各专业设计间缺少刚性系统的传承联系，只能依赖设计师间的人工沟通协调，期间容易出现错漏。在设计变更、调整较为频繁的轨道交通项目设计中更易出现错漏，造成建设时的投资损失及运营维护时的信息不准确。BIM 技术为协同设计提供底层支撑，大幅提升协同设计的技术含量。BIM 使协同设计不再是单纯意义上的设计交流、组织及管理手段，而是成为设计手段本身的一部分，如图 1.4.3.1-2 所示。

3. 辅助精细化施工过程

目前轨道交通工程施工过程和施工管理相对粗放，缺乏新的技术手段和配套的管理办

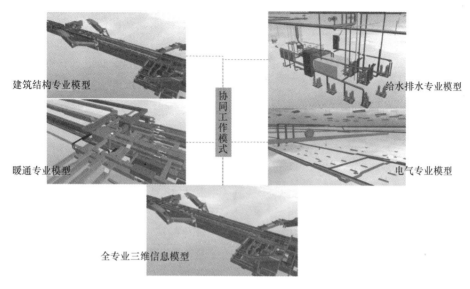

建筑结构专业模型

协同工作模式

给水排水专业模型

暖通专业模型

电气专业模型

全专业三维信息模型

图 1.4.3.1-2　BIM 的协同设计

法。通过 BIM 模型与施工进度计划、质量安全相链接，将空间信息与时间信息、质量安全信息整合在一个可视的模型中，直观、精确地反映整个施工过程信息，并对一些重要的施工环节或采用新施工工艺的关键部位、施工现场平面布置等指导措施进行模拟和分析，以提高计划可行性、实施成果的预见性和可追溯性。

通过 BIM 技术，在项目建造过程中合理制定施工计划、精确掌握施工进度、优化使用施工资源以及科学地场地布置，对整个工程的施工进度、质量和安全进行统一管理和控制，可以有效缩短工期、降低成本、提高质量，如图 1.4.3.1-3 所示。

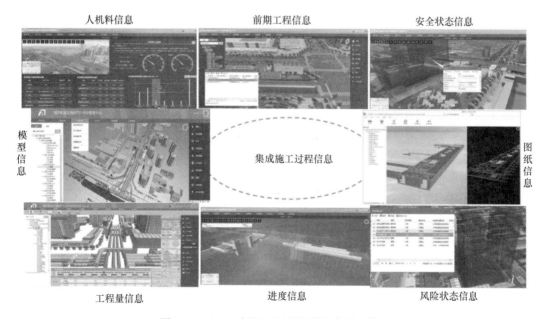

人机料信息

前期工程信息

安全状态信息

模型信息

集成施工过程信息

图纸信息

工程量信息

进度信息

风险状态信息

图 1.4.3.1-3　应用 BIM 进行精细化施工管理

13

4. 一体化建设信息管理平台，提供完整的全局信息

采用传统方法建设的工程信息都表达在二维图纸上，能表达的信息量有限，大量信息分散在其他相关资料中，人工查阅效率很低，且易出现差错，基于二维图纸的信息管理不能满足城市轨道交通出现紧急情况时的处置要求。城市轨道交通项目规模大、系统复杂，行业投资、建设、运营的分离现状及采用传统二维设计带来的信息量限制和建设过程信息的缺失，给城市轨道交通项目建成后的运营维护管理带来了巨大的挑战。而基于 BIM 可建立一个融合设计、施工、试运营等项目建设阶段的数字化、可视化、一体化的建设信息管理平台，实现轨道交通工程的数字化管理，大幅提高项目建设管理效率和水平，如图 1.4.3.1-4 所示。

图 1.4.3.1-4　基于 BIM 的三维信息管理平台

1.4.3.2　推进工程建筑管理信息化的必然要求

当前我国工程信息化水平相当低下，信息化投入仅相当于欧美建筑业的不到十分之一，约占建筑业产值的 0.027%，且集中于网络与硬件设备。政府主管部门虽一直在大力推动工程建筑管理信息化，一度强制要求把信息化作为特级资质审核的刚性门槛，但由于建筑企业普遍以关系为核心竞争力的大环境和缺少适合于中国建筑业的软件产品，以资质审核为主引擎的工程管理信息化高潮最终流于形式，未能产生理想效果。主要原因是在于建筑企业总部以收取管理费为主要利润来源的盈利模式难以建立信息化运行的基础环境，而盗版与仿冒产品的冲击导致国内软件企业难以形成资本积累，产品研发投入不足导致产品质量低下，难以达到用户要求。

近年来我国政府主管部门以 BIM 技术和电子政务为主引擎再次推动工程管理信息化，一系列政策法规正在陆续出台，推动国内建筑产业信息化的发展。中国建筑业持续近三十年的高增长的结束也造成了严重的产能过剩，强迫建筑企业提高管理水平，而信息化就是当前的建筑企业管理升级的三大主要出路之一。这为 ERP、工程项目管理软件、专项管理软件，技术分析软件以及一些如造价等专业工具软件提供了新的发展动能，也对软件产品性能提出了更高的要求，以 BIM 为代表的新一代信息化技术应运而生，有望与传统工程技术相结合，创造出一种新的建筑业态，从根本上改变建筑业的工作模式。

1.4.3.3　轨道交通项目 BIM 统一建设的必要性

由于轨道交通设计包含建筑、结构、轨道、线路、机电、弱电等多个专业，且在实施过程中分项众多，参与方众多，参与各方没有统一的成熟的建模软件可以使用，没有相关的规范、标准可以参考，导致提交的 BIM 模型千差万别，无法充分发挥 BIM 技术的应用价值，也给 BIM 技术管理工作带来困难。因此，实施 BIM 统一建设（包括标准、建模、平台、协调和管理等）是系统开展 BIM 技术工作的前提。具体可以从以下几个方面说明：

1. 轨道交通项目涉及专业体系繁杂

轨道交通项目工点多、系统复杂、接口多、设计专业多，各种信息类型复杂，信息共享和沟通不便。设计工作中涉及大量的接口问题，信息的高效沟通和共享显得更加重要。

2. 建设项目参与方众多，缺乏统一标准

地铁工程参与方众多，包含设计单位、施工单位、监理单位及设备供应商等其他参与方，因此协调工作量巨大。另外轨道交通项目周期长、信息量庞大、有效的信息留存手段缺失等原因，都将导致项目中的信息损失和传递不流畅等问题严重。BIM 建模涉及全部参与方的各专业和各个过程，相关方的应用流程缺乏统一的标准，难以实现统一的数字化表达，不利于项目自身开展以及基于 BIM 模型的深度应用。

3. 涉及建模构件多，BIM 构件的管理困难

轨道交通工程 BIM 建模过程中涉及大量特有构件模型（如钢支撑、锚索、盾构管片等）和设施、设备模型（如风机、阀门、车挡、施工机械等）。需要对 BIM 构件进行标准化统一与管理，尤其是设备供应商提供的构件模型，需要进行统一的验收和入库，以保证后期使用的方便性。

4. 传统的管理体系难以满足 BIM 实施要求

从二维图纸到三维 BIM，不仅仅是维度上的增加，更重要的是包含了信息关联关系及数据管理体系的转变，因此传统的制图体系、审核体系、管理体系已不能满足 BIM 实施的需要。BIM 技术本身尚未形成自身管理体系，BIM 的实施须进行流程再造以及定义新的组织架构和人员分工，明确项目各参与方的职责与任务。

5. 缺乏切实有效的应用指导

BIM 技术不能简单理解为建模，它更大的意义在于基于 BIM 模型进行深度的拓展应用，发挥其作为信息载体的价值。目前国内 BIM 在轨道交通行业中主要有方案展现、交通导改、管线改移、管线综合、碰撞分析、工程量统计、装修效果渲染等 10 余种应用，但每种应用尚缺乏体系性的指导和实用价值的挖掘，未来城市轨道交通领域基于 BIM 的应用需求有待进行更加深入的研究。

因此，在城市轨道交通建设过程中实施 BIM 统一建设，制定项目实施的技术标准、开发建设相应的平台环境、数据化管理项目 BIM 应用成果，可以准确把握 BIM 技术实施的目标，充分利用 BIM 优势对城市轨道交通全生命期应用做出深入的研究和探索，切实推动 BIM 技术在城市轨道交通领域的发展。

课 后 习 题

一、单项选择题

1. 城市轨道交通是采用以（　　　）形式，运送相当规模客流量的公共交通方式。

A. 列车　　　　　　　　　　　　　　B. 列车或单车

C. 单车　　　　　　　　　　　　　　D. 车队

2. 有轨电车和磁悬浮列车运量规模分别是（　　　）。

A. 低运量；低运量　　　　　　　　　B. 中运量；中运量

C. 低运量；中运量　　　　　　　　　D. 中运量；高运量

3. 地铁是一种拥有独立路权、平均运行速度大于 35km/h、中高运量的城市轨道交通系统，适用于（　　　）。

A. 特大、大城市中心区域　　　　　　B. 中、小城市

C. 城市长距离郊区　　　　　　　　　D. 大城市开发区，山地城市，江河城市等

4. 单轨铁路主要分成两类。一种较为常见的是跨座式单轨铁路，列车跨座在路轨之上，两旁盖过路轨；另一种是（　　）。

A. 电力式单轨　　　　　　　　　　　B. 电磁力式单轨

C. 悬挂式单轨铁路　　　　　　　　　D. 高架式单轨

5. 自动导向轨道系统是一种通过非驱动的专用轨道引导列车运行的轨道交通，市域快速轨道交通系统是大城市市域范围内的客运轨道交通线路。自动导向轨道系统和市域快速轨道系统的运量规模分别是（　　）。

A. 中运量；中运量　　　　　　　　　B. 中运量；大运量

C. 中运量；高运量　　　　　　　　　D. 大运量；高运量

二、多项选择题

1. 城市轨道系统包括地铁系统、轻轨系统、单轨系统和（　　）。

A. 城市公共交通　　　　　　　　　　B. 城际高铁

C. 有轨电车　　　　　　　　　　　　D. 磁浮系统

E. 自动导向轨道系统　　　　　　　　F. 市域快速轨道系统

2. 下列哪些城市轨道交通方式采用标准轨距 1435mm？（　　）

A. 地铁　　　　　　　　　　　　　　B. 轻轨

C. 单轨　　　　　　　　　　　　　　D. 有轨电车

E. 磁浮系统　　　　　　　　　　　　F. 自动导向轨道系统

G. 市域快速轨道系统

3. 磁悬浮列车的优点包括（　　）。

A. 噪声低　　　　　　　　　　　　　B. 爬坡能力强

C. 能耗低　　　　　　　　　　　　　D. 转弯半径小

4. 城市轨道交通系统的运行特点包括（　　）。

A. 速度快　　　　　　　　　　　　　B. 污染少

C. 运量大　　　　　　　　　　　　　D. 占地面积小

5. 城市轨道交通的建设特点包括（　　）。

A. 建设规模大，周期长　　　　　　　B. 建设成本高

C. 周边环境复杂　　　　　　　　　　D. 涉及专业众多

E. 资产管理难度大　　　　　　　　　F. 项目参与单位众多，协作难度大

参考答案

一、单项选择题

1. B　2. C　3. A　4. C　5. B

二、多项选择题

1. CDEF　2. AB　3. ABD　4. ABCD　5. ABCDEF

第 2 章　城市轨道建设组织及 BIM 实施体系

本章导读

　　城市轨道交通建设是一个牵涉专业众多、参与单位众多、资产管理难度大的项目，这就导致城市轨道交通项目在实际运营中会出现各种各样的困难，比如接口问题、模型创建、人员配备等，建立一个高效职责明确的 BIM 工作体系，用数字化平台收集各个阶段各个环节的信息，然后对之进行有效管理是十分必要的。

　　本章主要介绍了城市轨道交通建设模式及建设阶段的划分，并具体描述了在不同建设阶段的主要工作任务，介绍了配套 BIM 实施体系的构成及各个体系下的工作内容和资源配备。

2.1　城市轨道交通建设模式简介

因为城市轨道交通建设周期长、工程技术复杂，投资巨大等特点，所以探寻行之有效的城市轨道交通建设模式是非常必要的。城市轨道交通建设模式分为城市轨道交通投融资模式，城市轨道交通线网规划模式和城市轨道交通线路建设工程管理模式。

2.1.1　城市轨道交通投融资模式简介

城市轨道交通投融资模式主要包括以下四种：政府直接投资模式，政府主导的负债投融资模式，政府主导的市场化投融资及投资主体多元化下的市场化投融资模式。现将各种城市轨道交通投融资模式比较如表 2.1.1。

几种城市轨道交通融资模式比较[8]　　　　　　　　　　　　　表 2.1.1

模式	概念	特点
政府直接投资	政府直接投入财政资金用于城市轨道交通建设	优点：管理体制简单；公益性较强；融资成本低； 缺点：投资成本高；效益差；亏损较为严重；运营中通常缺乏维护保养，损耗较为严重
政府主导的负债投融资	以政府背景的国有公司为主体，多渠道筹集项目资本金，负债资金通过银行贷款、发行企业债券等债务手段予以解决	优点：资金筹措程序简单、到位快；对满足当前我国地方发展对城市轨道交通的迫切需要、缓解财政资金不足有积极作用； 缺点：若企业无法成功构建盈利模式，还将由政府解决；企业股权依然单一，企业经营绩效往往不高
政府主导的市场化投融资	由政府或具有政府背景的国有公司发起，市场化主体投入资金完成全部或部分项目建设的投融资模式	优点：在一定程度上实现了项目投入方的多元化和项目经营运作的市场化，常见的运作方式有 BOT（Built-Operate-Transfer）等； 缺点：现有制度及程序不完善，法制不健全
投资主体多元化下的市场化投融资模式	通过对现有的国有地铁企业进行股份制改组或组建股份公司，通过存量或增量发行股份吸收社会资金，实现投资主体多元化，并在运营中引入市场竞争机制，实现政府调控下的市场化运作	优点：可以充分改善轨道交通投资和经营的效率，政府部门在实现投资主体多元化的过程中，通过出售部分股份收回资金，从而一定程度上充实了政府部门继续投资的资金实力，随投融资主体多元化格局的形成，市场化运作环境也将逐步改善，从而推动其他领域的市场化进程； 缺点：市场化运作有一定风险

2.1.2　城市轨道交通线网规划模式简介

城市轨道交通线网规划模式主要包括以下两种：SOD 模式，TOD 模式，现比较如表 2.1.2。

几种城市轨道交通线网规划模式比较[9]　　　　　　　　　　　　表 2.1.2

模式	概念	特点
TOD	TOD（Transportation Oriented Development）开发模式又称"以公共交通为导向的开发模式"，主要是指以公共交通枢纽和车站为核心同时兼顾高效、混合的土地利用为一体的开发模式	优点：对城市周边未开发区域实现轨道交通周边开发，建设完成后以时间差换取土地效益，以组团为单元优化城市空间结构，使城市更紧凑，有机协调的发展； 缺点：存在较大的不确定性，社会效益不太明显

模式	概念	特点
SOD	SOD（Service-Oriented Development）开发模式又称"客流追随型"，强调以客流需求为主体的交通规划设计理念，利用轨道交通的大运量功能解决目前城市已有的交通紧迫问题	优点：不确定性和风险性较小，时效性显著，易获得社会认可，社会和经济效益客观； 缺点：经营成本高，可持续发展能力不足，施工期间易造成交通拥挤和紊乱

2.1.3 城市轨道交通线路建设工程管理模式简介

目前国内外所运用的城市轨道交通线路建设工程管理模式主要有业主代建制、设计施工总承包、BT、DB、PPP 等模式，本书简单介绍代建制、DB、BT 和 EPC 模式，如表 2.1.3。

几种城市轨道交通线路建设工程管理模式比较[10] 表 2.1.3

模式	概念	特点
代建制	代建制，也称代甲方，是将建设项目委托专业机构管理的一种项目建设管理模式	优点：代业主前期介入对项目工期有利；责权利统一，管理协调效率高；便于及时优化整体方案和风险管理； 缺点：业主单位与代业主单位较少做到相互信任；市场竞争不充分；职责重叠，运作效率无法提高，代业主单位的优势无法充分发挥
DB	DB（design build），即设计与施工总承包。DB 模式是指工程总承包企业按照合同约定，负责工程项目的设计和建造，并对承包工程的质量、安全、工期、造价全面负责	优点：有利于设计、采购、施工的整体方案优化；有利于设计、采购、施工的合理交叉、动态连续、缩短建设周期；有利于实现项目目标，有效地对项目全过程进行进度、质量的综合控制；有利于积累工程建设经验，不断提高项目管理水平，为业主和社会创造更好的效益； 缺点：条件过于苛刻；风险承担过于集中；合同总价难以确定；业主不能对工程全程控制
BT	BT（build transfer），即建设移交。BT 是一种基础设施项目的集投融资、施工建造为一体的工程建设模式。在 BT 模式中，承包商不享有特许经营期。在建设期满后，承包商将项目移交给业主无偿使用，而业主在一定年限内通过回购款，给予承包商补偿	优点：可以延缓业主的投资，并降低融资成本；业主的实施风险大大减少；业主的管理工作量大大减少； 缺点：操作难度较大；融资监管难度大；项目质量得不到应有的保证
EPC	EPC（engineer produce construct），即设计采购施工交钥匙。EPC 模式的承包商可提供初始项目策划书、方案设计、市场调查、设备采购、施工、安装和调试，直至竣工移交的全套服务	优点：项目责任单一，简单化了合同组织关系，有利于项目管理；可以采用阶段发包方式以缩短工程工期；能够较好的将工艺设计与设备采购及安装紧密结合起来，有利于项目综合效益的提升；业主方承担的风险较小； 缺点：目前能够 EPC 大型项目的承包商数量较少，承包商承担的风险较大，因此工程项目的效益、质量完全取决于 EPC 项目承包商的经验及水平

2.2　城市轨道交通建设阶段划分

城市轨道交通建设是特大型城市建设系统工程，是牵涉众多单位及许多专业知识的庞大建设项目。按照城市轨道交通建设项目的一般进程，将其划分为四个阶段：规划阶段、设计阶段、施工阶段和验收阶段。

2.2.1　规划阶段

规划阶段一般分为线网规划和可行性研究两个部分。线网规划是城市轨道交通建设设计的重要前提，而可行性研究则是城市轨道交通建设项目开展必不可少的条件。

2.2.1.1　线网规划

城市轨道交通的线网规划应结合城市总的发展目标和城市用地空间总体布局，确定城市轨道交通的总体布局。同时，线网规划中要提出对城市总体规划调整的反馈意见，保证城市发展与管理的可持续性。

在城市轨道交通的线网阶段，应结合沿线车站选址、沿线经过地区的地理环境对城市轨道交通建设和运营可能造成的影响，编制环境影响初步分析。城市环保部门应参与沿线车站选址等的现场勘查，给出相应意见，作为线网规划报批依据。

2.2.1.2　可行性研究

可行性研究阶段是建设单位形成投资意向，通过对投资机会等的研究和决定，形成书面文件上报主管部门和发展改革委进行审批，进而立项的过程。其编制内容主要包括编制项目建议书和可行性研究报告。

编制项目建议书需要对项目的建设条件进行调查和必要的勘测工作，并在对资金筹措进行分析，择优选定建设项目和项目的建设规模、地点和建设时间，论证项目建设的必要性，初步分析项目建设的可行性和合理性。

具体来说，项目建议书的主要内容包括：

1. 项目提出的必要性和依据；
2. 产品方案、拟建规模和建设地点的初步设想；
3. 资源情况、建设条件、协作关系等的初步分析；
4. 投资估算和资金筹措设想；
5. 项目的进度安排；
6. 经济效益和社会效益的估计。

可行性研究报告是轨道工程建设项目决策的基础，它是对项目有关工程技术、经济等情况进行调查、研究和分析，对各种建设方案进行比较论证，对项目建成后的企业财务效益、社会经济效益、社会影响进行预测及评价，并选择技术先进、实用，财务经济及社会效益可行，投资风险较低的工程建设方案，为项目进一步决策提供可靠依据。

具体来说，可行性研究阶段工作的主要内容包括：

1. 项目建设规模和主要技术标准；
2. 线站位、行车交路、重要换乘节点及土建工程研究；

3. 项目各系统配置的技术方案和设备数量、匡算用地及拆迁数量；

4. 项目的经济评价和风险评价；

5. 项目对环境影响的评估，阐明对环境影响程度及防治的初步方案；

6. 提出工期、估算、资金等筹措方案以及建设和经营管理体制等建议；

7. 深入进行财务分析和国民经济评价；

8. 对工程的可行性和存在的风险作出评价。

2.2.2　设计阶段

城市轨道交通建设设计阶段具有如下特点：

1. 工作界面复杂

涉及已建和在建项目之间、城市建设和城市规划之间、各系统设计之间、各工点设计之间、系统与工点之间的技术问题和接口处理。

2. 协调困难

设计单位在设计工作中不仅需要与规划、市政、供电、消防、交通、通信等部门进行协调，还需与业主、设计监理或设计咨询单位及各设计单位之间进行协调。

3. 专业系统多而复杂，接口问题多

城市轨道交通项目是涉及多个专业的系统工程，各专业既独立又存在接口关系，均需在设计过程中加以协调和解决。

4. 设计服务期长，不确定因素多

因设计边界条件改变，施工现场条件变化，不可抗力，设计缺陷等各种主客观因素需要进行设计变更和现场服务。

将设计阶段一般划分为方案设计、初步设计、施工图设计三个部分，各个部分既相互独立又紧密联系，各自在城市轨道交通建设项目中发挥着不同的作用。

2.2.2.1　方案设计

方案设计阶段基本上各个专业都涉及，文件编制的深度要比工程可行性分析报告（简称"工可"）更深入，必要的专业需要出图。但其实更主要的是制定下一阶段工作的技术标准，让各专业进一步熟悉工程项目，为下一阶段的初步设计做好准备，也是总体设计单位为以后设计工作确立好管理办法的阶段，成果是总体设计文件，如表 2.2.2.1 所示。

方案设计中进行的主要任务是：

1. 进一步稳定线路路由方案（有时在工程可行性研究报告阶段路由方案仍无法稳定），稳定车站位置，对重要难点、节点工程深化设计研究。在这个过程中，就不是一家单位来编制总体设计报告了，一般是由而是总体院设计院牵头、土建工点设计院以及配合，各专业之间密切的联系配合完成就更为紧密了，在配合方案的过程中，发现问题、解决问题，提出更多方案，最终推荐较为可行的方案；

2. 确定各专业系统组成和各系统之间横向技术接口；

3. 统一工程的设计原则和技术标准；

4. 划分工程单元、筹划合理工期；

5. 控制工程总投资。

方案设计中各专业的设计重点　　　　　　　　　　　　　表 2.2.2.1

各专业及系统	设计重点
行车组织	确定行车交路，提出车站配线要求，车站配线按线网（联络线、支线）、车辆基地（出入线）、线路折返（折返线，配线）、故障待避（停车线和渡线）等功能设置
车辆	确定车辆选型，提出选定车辆的技术条件，确定列车编组，确定列车动拖比配置方案
线路	在工程可行性研究的基础上，结合工程外部条件，进行主要方案（工可推荐和比较方案）具体线位的比较研究，落实线位。对线路敷设方式（地下、地面、高架）进行具体方案比选后确定
车站建筑	结合周边既有建筑布置和周边用地规划，以及道路交通状况和地下管线现状，对每个车站的站位及其建筑布置进行多方案比选，包括建筑总平面布置图（含出入口、风井）、各层平面及纵、横剖面设计。方案比选可从以下几个方面进行比较：如车站功能的发挥、客流吸引、车站埋深、规模、投资、动拆迁、交通改道、管线搬迁等工程量以及地下空间开发、与商业开发结合等方面。经过多方案技术经济比选，确定推荐方案，并提出各车站规模的具体数据：层数、长度、宽度、每层面积、总图面积、占地范围、出入口数量及长度等
土建结构	根据工程沿线的工程外部条件，沿线水文、地质情况确定区间、车站的结构型式和施工方法，每个车站、每个区间单元都应有详细论述结构型式和施工方法应有方案的技术经济比选，主要结构型式要有结构计算、结构尺寸的拟定，施工方法的选择应结合交通疏解、管线搬迁方案确定，并应重点论述各个车站的交通疏解和管线搬迁方案。对重大工点应另列专节论述，对采用的结构型式和施工方法都要有方案比选，对重点风险源的保护及与相邻工程的关系应有处理方案措施
机电设备专业系统	各机电专业系统根据本项目功能定位要求确定本专业系统的组成内容，并对各系统采用的制式和技术方案以及相应的重大设备选型进行技术经济比较，要求在满足功能的前提下，经济适用、技术成熟，并追求技术先进，根据比选提出推荐方案及其设计原则和技术标准。各专业系统与相关专业之间存在大量的技术接口关系，主要表现在四个方面：接口对象；接口界面（位置）；接口内容；接口方式。明确各专业间的接口关系和相互要求，各专业所需的提资要求，可根据"工可"报告为依据，并通过设计会议讨论确定
外部工程条件的落实	设计人员主动向有关部门汇报设计方案（规划部门、土地管理部门、交通部门、管线权属部门等），听取反馈意见、修改完善方案，使设计方案做到切实可行。公交调整规划则须委托相关部门进行设计。工程筹划要有交通疏解方案，作为公交调整的参考依据
进行工程方案技术与经济的综合协调平衡	展开勘察工作（公勘阶段、地形修测、管线摸查等、地质水文调查等）、客流预测工作、人防工作，为工程提供更多的设计基础资料

2.2.2.2　初步设计

在初步设计阶段，各专业应对本专业内容的设计方案或重大技术问题的解决方案进行综合技术经济论证，论证技术上的适用性、可靠性和经济上的合理性。初步设计文件应符合已批准的可行性研究报告、审定的设计方案及落实的接口条件，据能以确定土地征用、主要设备及材料的准备以及建筑物和构筑物搬迁、管线改移，并可据以进行施工图设计和施工准备，提供设计概算，作为审批确定项目投资的依据。初步设计文件根据设计任务书（或批准的可行性研究报告、总体设计文件等）编制，由设计总说明书、各专业设计说明书、图纸、主要设备及材料表和工程概算书等几部分组成。

初步设计中各专业设计内容及相关的设计图纸如表 2.2.2.2 所示：

初步设计各专业设计内容[11]   表 2.2.2.2

设计对象	设计方案	设计图纸
线路	1. 线路平面设计； 2. 线路纵断面设计； 3. 车站站位； 4. 辅助线设计； 5. 出入线、折返线、停车线、渡线设计，全线辅助线分布及形式一览表； 6. 线路特征分析	1. 线路示意图； 2. 路平纵断面缩图； 3. 线路贯通方案平、纵断面、典型横断面图； 4. 规划预留线平、纵断面图； 5. 出入线平、纵断面图； 6. 联络线平、纵断面图
行车组织与运营管理	1. 列车牵引计算； 2. 系统配线能力； 3. 车站管理模式； 4. 调度管理模式等	1. 列车牵引计算图； 2. 配线能力计算图； 3. 列车运行图
限界	1. 限界设计的主要技术参数设计； 2. 各种设备及管线布置； 3. 区间纵向疏散空间要求； 4. 线间距的确定； 5. 建筑限界的确定	1. 限界坐标总图； 2. 区间直线、曲线地段矩形、圆形、马蹄形隧道限界图； 3. 地下岛式、侧式站台直线车站限界图； 4. 道岔区限界加宽图； 5. 区间直线地段人防门限界图； 6. 转辙机安装处、区间联络送到限界图； 7. 隧道曲线段限界处理方法示意图； 8. 区间直线地段人防门限界图； 9. 区间直线、曲线地段 U 型槽、地面线限界图； 10. 地面线岛式、侧式站台直线车站限界图； 11. 区间直线、曲线地段高架线限界图； 12. 高架线岛式、侧式站台直线车站限界图； 13. 车辆段限界图
轨道	1. 轨道减震措施； 2. 杂散电流防护； 3. 轨道附属设备； 4. 无缝线路； 5. 钢轨、扣件、道床及轨枕、道岔等设计	1. 推荐采用的各类道床断面图； 2. 推荐采用的扣件组装图； 3. 推荐采用的道岔总布置图； 4. 推荐采用的减震轨道结构布置图； 5. 车档图； 6. 护轮轨装置图； 7. 特殊减震设施组装结构图等
路基工程	1. 一般路基设计内容； 2. 特殊线（路）段路基设计说明； 3. 主要加固和防护方案说明； 4. 路基排水设计原则及说明； 5. 路基与其他专业设计接口的说明； 6. 路基修建对生态环境与水土保持的影响及采取的措施； 7. 特殊线（路）段路基措施的处理方案	1. 一般路基横断面设计图； 2. 典型工点路基设计平面图； 3. 典型工点路基设计纵断面图； 4. 典型工点路基设计横断面图； 5. 过渡段方案图； 6. 路基排水系统图

续表

设计对象	设计方案	设计图纸
车站建筑	1. 车站总平面布置设计； 2. 车站建筑设计	1. 车站总平面图； 2. 客流吸引范围图； 3. 车站各层平面图； 4. 车站纵剖、横剖面图； 5. 车站公共区交通流线示意图； 6. 车站出入口通道平面图、纵剖面图、横剖面图； 7. 车站出入口地面亭平面图、剖面图、立面图及屋顶平面图； 8. 消防专用通道入口地面亭平面图、剖面图、立面图及屋顶平面图； 9. 车站风道平面图、纵剖面图、横剖面图； 10. 车站风亭局部总平面图，风亭平面图、剖面图、立面图； 11. 地面车站及附属建筑各层平面图、纵横剖面图、立面图、屋顶平面图
地下结构	1. 风险工程专项设计； 2. 地下结构抗震专项设计； 3. 车站和区间主体工程结构设计； 4. 风道和出入口结构设计； 5. 盾构工作井设计等	1. 地下车站结构设计图； 2. 地下区间结构设计图等
高架结构	高架区间结构： 1. 采用的设计荷载及组合； 2. 主要建筑材料； 3. 标准梁上部建筑及墩台、基础描述； 4. 高架桥梁节点设计方案说明； 5. 新技术、新结构、新材料的选用； 6. 抗震设计及其构造措施； 7. 应进行详尽、合理的抗震概念设计，并进行综合比较； 8. 结构耐久性要求说明。 高架车站结构： 1. 轨道梁设计； 2. 人行天桥设计	高架区间结构： 1. 平面总布置图； 2. 梁部构造图； 3. 预应力束布置图； 4. 桥墩构造图； 5. 桥台构造图； 6. 基础构造图； 7. 桥面系布置图、支座布置图、桥面防水、排水图； 8. 工程数量表； 9. 施工步序图（特殊结构）； 10. 交通导改、工程筹划图。 高架车站结构： 1. 轨道梁设计相关图纸； 2. 人行天桥设计相关图纸

续表

设计对象	设计方案	设计图纸
供电	供电系统： 1. 主变电所的设置方案； 2. 中压网络构成方案及运行方式； 3. 中压网络供电保护配置方案； 4. 牵引变电所的设置方案及运行方式； 5. 再生制动吸收装置设置方案； 6. 谐波处理方案； 7. 无功功率补偿方案； 8. 系统电缆敷设方案。 变电所： 1. 变电所位置方案； 2. 主接线方案、设备运行方式、继电保护配置方案、测量和计量方案； 3. 自用电方案及运行方式； 4. 无功补偿方案； 5. 设备布置方案； 6. 防雷与接地方案； 7. 主变电所或电源开闭所外电源引入方案。 电力监控系统： 1. 电力调度中心的设计要求； 2. 系统构成、功能及指标； 3. 车站混合、降压变电所综合自动化方案； 4. 车辆综合基地混合、降压变电所综合自动化方案； 5. 综合自动化复式管理终端方案。 牵引网系统： 1. 接触轨系统； 2. 架空接触网系统。 杂散电流腐蚀防护： 1. 防护方案及相关要求； 2. 排流系统方案及运行方式； 3. 监测系统方案； 4. 对运营管理的建议	供电系统： 1. 主变电所、牵引变电所位置分布图； 2. 全线供电系统图； 3. 直流牵引供电系统图； 4. 系统电缆敷设位置图。 变电所： 1. 主变电所总平面图； 2. 主接线图； 3. 中压开关柜、直流开关柜、低压开关柜排列图； 4. 交直流自用电系统图； 5. 接地系统图； 6. 设备布置平面、剖面图。 电力监控系统： 1. 电力监控系统图； 2. 典型混合、降压变电所综合自动化系统图。 牵引网系统： 1. 接触轨系统接线图、布置平面图； 2. 不同道床形式下的接触轨安装示意图； 3. 架空接触网系统接线图； 4. 接触网电分段示意图； 5. 不同情况下接触网悬挂安装示意图； 6. 车辆综合基地库内典型悬挂安装示意图。 杂散电流腐蚀防护： 全线杂散电流腐蚀防护系统图
通信	1. 专用、公安、民用通信系统； 2. 维修管理体制及定员	1. 专用传输系统图； 2. 专用机公务电话系统图； 3. 无线通信系统图； 4. 视频监视系统图； 5. 广播系统图； 6. 电源系统图； 7. 集中告警系统图； 8. 民用通信无线引入系统图； 9. 公安通信无线引入系统图； 10. 公安视频监视系统图； 11. 控制中心、典型车站及车辆段/停车场通信设备室设备布置示意图

设计对象	设计方案	设计图纸
信号	1. 方案比选； 2. 系统功能及构成分析； 3. 系统运营控制模式	1. 系统功能示意图； 2. 系统配置示意图； 3. 正线信号设备平面布置示意图； 4. 车辆段（场）信号设备平面布置示意图； 5. 设备集中站及设备集中站室内设备布置示意图； 6. 控制中心信号室内设备布置示意图； 7. 车辆段（场）信号室内设备布置示意图； 8. 信号系统与相关专业接口示意图
通风、空调与供暖	1. 区间隧道通风系统； 2. 公共区通风空调系统； 3. 设备及管理用房通风、空调与供暖系统； 4. 空调水系统； 5. 防烟、排烟系统； 6. 运行模式； 7. 控制模式； 8. 减震降噪措施； 9. 节能措施； 10. 管道的材料及保湿	1. 全线隧道通风空调系统原理图； 2. 典型车站通风空调系统原理图； 3. 典型车站空调水系统原理图； 4. 典型车站通风空调平剖面图； 5. 典型车站系统控制模式表； 6. 典型区间隧道系统控制模式表； 7. 模拟计算结果图； 8. 车站总平面图； 9. 公共区通风空调分层平面图； 10. 设备及管理用房通风、空调与供暖平面图； 11. 车站通风空调标准断面图； 12. 通风空调机房平、剖面图； 13. 隧道射流风机布置平剖面图； 14. 通风空调系统原理图； 15. 通风空调水系统原理图
给水排水和消防	1. 给水系统设计； 2. 排水系统设计； 3. 灭火器配置设计	1. 全线给水排水总平面图； 2. 车站给水排水及消防总平面图； 3. 站厅层及站台层给排水及消防平面图； 4. 生产、生活记消防给水系统图； 5. 冷却循环给水系统平面图及系统原理图； 6. 污水泵房、祝废水泵房及消防泵房大样图； 7. 管网系统原理图； 8. 典型车站的管网布置图； 9. 气瓶间大样图； 10. 控制系统原理图、平面图
动力照明	1. 动力设计； 2. 照明设计； 3. 防雷、接地及等电位联结； 4. 节能； 5. 负荷统计； 6. 导线、电缆的选择及敷设方式；设备选型	1. 动力总配电系统图； 2. 照明总配电系统图； 3. 环控电控柜排列图； 4. 动力照明干线路径及配电箱平面布置图； 5. 区间动力、照明干线配电示意图

设计对象	设计方案	设计图纸
火灾自动报警	1. 系统构成； 2. 系统功能； 3. 系统方案； 4. 设备选型及接口； 5. 电源及接地	1. 火灾自动报警全线系统构成图； 2. 车站火灾自动报警系统构成图； 3. 典型车站火灾自动报警平面图； 4. 车站监控点表
环境与设备监控	1. 系统构成； 2. 系统功能； 3. 系统方案； 4. 设备选型及接口； 5. 电源及接地	1. 环境与设备监控全线系统图； 2. 中心级系统图； 3. 典型车站环境与设备监控系统图； 4. 车站控制点表
自动售检票	1. 票务管理； 2. 网络系统； 3. 电源及接地； 4. 设备配置及布置； 5. 设备用房； 6. 系统维修及定员； 7. 系统接口	1. 票务流程图； 2. 系统构成图； 3. 组网、配电原理图； 4. 典型车站设备平面布置图； 5. 车站自动售检票系统标准布置图
自动扶梯及电梯	1. 设备选型； 2. 设备运营及管理模式； 3. 设备国产化	1. 自动扶梯主要结构参数图； 2. 自动扶梯布置图； 3. 电梯主要结构参数图
综合监控	1. 系统构成； 2. 组织机构及定员； 3. 与相关专业接口	1. 综合监控系统全线系统构成图； 2. 综合监控系统典型车站系统构成图； 3. 典型车站控制室、设备室布置图
乘客信息	1. 控制中心、车站、全线网络及接口详细方案； 2. 系统功能，运营控制中心、车站控制室功能； 3. 设备选用及技术指标确定； 4. 电源与接地	1. PIS全线系统图； 2. 典型车站设备布置示意图
办公自动化	1. 硬件建设方案； 2. 软件建设方案； 3. 网络组网方案； 4. 电源与接地、设备用房	1. 全线、典型车站、车辆段系统图； 2. OA中心系统图
门禁	1. 系统功能； 2. 控制及运行模式； 3. 门禁监控点设置； 4. 门禁设备安装及电缆敷设； 5. 电源与接地	1. 门禁系统全线系统构成图； 2. 门禁系统典型车站系统构成图； 3. 门禁系统接地级设备线缆连接图

续表

设计对象	设计方案	设计图纸
站台门	1. 系统构成及功能； 2. 控制及运行模式； 3. 设备选型与国产化； 4. 门体形式及安装方式； 5. 接地及绝缘； 6. 安全防护措施； 7. 与相关专业接口	1. 站台门系统组成图； 2. 控制系统原理图； 3. 开、关门流程图； 4. 配电系统原理图； 5. 站台门典型平、立面布置图； 6. 站台门安装剖面图； 7. 站台门设备室典型布置图
声屏障	1. 声屏障设置形式及设置里程； 2. 声屏障材料及构件选择	1. 声屏障平面布置图； 2. 声屏障横剖面图； 3. 声屏障板构造图； 4. 声屏障钢架断面图； 5. 声屏障钢架平面图； 6. 地面段声屏障钢架基础图
车站内部管线综合	1. 车站组成范围； 2. 机电设备专业各系统； 3. 各类管线以及综合吊架设计	1. 管线图例及专业代码； 2. 站厅层天花、地板管线综合平面图； 3. 站台层天花、板下管线综合平面图； 4. 其他设备层或附属用房天花、地板管线综合平面图； 5. 各层管线剖面图
车辆综合基地	工艺设计： 1. 车辆综合基地工艺设计； 2. 其他基地工艺设计； 3. 组织机构及定员。 站场设计： 1. 总平面布置； 2. 说明采用的曲线半径、线路坡度、道岔型号等技术标准； 3. 说明设计的原则、方案的构思与比较、特殊地段处理以及工程量计算等； 4. 说明出入段线路设计的原则、标准、方案比较情况等； 5. 说明路基设计的原则、标准； 6. 说明道路及排水设计的原则、标准、方案比较情况等； 7. 说明征地和拆迁情况	工艺设计： 1. 车辆综合基地工艺总平面图； 2. 各运用、检修车库、车间设备平面布置图、剖面图及设备表； 3. 各辅助生产设施设备平面布置图、剖面图及设备表； 4. 室内外压缩空气管路平面图、系统图及工程数量表。 站场设计： 1. 线路平面设计图； 2. 车辆段出入线平面设计图； 3. 车辆段出入线纵断面图； 4. 横断面图； 5. 铁路专用线平面设计图； 6. 铁路专用线纵断面设计图
运营控制中心	1. 调度大厅的布置方案； 2. 设备机房的设置方案； 3. 网络管理室的设置方案	1. 调度大厅调度台的工艺布置图； 2. 设备机房设备的工艺布置图； 3. 网络管理室设备的工艺布置图； 4. 培训管理设备的工艺布置图； 5. 电源室设备的工艺布置图

设计对象	设计方案	设计图纸
人防工程	1. 建筑； 2. 结构； 3. 孔口防护； 4. 通风； 5. 给排水； 6. 电气； 7. 人防信号、通信	1. 全线人防工程平面图，显示区间隔断门的位置里程； 2. 各车站人防功能总平面图； 3. 车站和区间各部位防护段平面、剖面和断面图
交通衔接	1. 车站不同交通方式换乘需求分析，沿线各站点客流预测及不同交通方式接驳分担率预测； 2. 站点周边接驳设施平面布局及设计内容； 3. 设计方案比选及近远期结合与近期实施方案； 4. 实施方案各种交通接驳方式交通组织流线，交叉口交通组织； 5. 交通接驳设计范围内的各种新建及改建工程及附属构筑物设计； 6. 交通接驳交通安全及乘客引导标识系统设计原则及方案； 7. 交通接驳设施附属管理设备设计； 8. 沿线环境保护及景观协调评价； 9. 新技术应用情况及下阶段设计的示范工程内容； 10. 工程建设阶段划分； 11. 各类地上、地下杆管线、文物古迹、特殊建筑、相关管理部门的联系配合	1. 全线车站分布示意图； 2. 全线各站周边现状交通设施图； 3. 全线各站周边用地规划图； 4. 车站交通衔接平面设计图； 5. 挡土墙、涵洞及附属构筑物图； 6. 换乘标识布置图； 7. 工程特殊部位技术处理的主要图纸； 8. 桥梁、排水、绿化景观、供电、照明、监控、通信等设施图
工程筹划	1. 全线工程筹划设计； 2. 单项工程、系统工程筹划设计	1. 全线盾构推进示意图； 2. 全线标段划分示意图； 3. 全线工程进度计划时程图
概算	1. 概算书设计； 2. 概算书编制	1. 概算信息统计表； 2. 总概算表； 3. 综合概算表； 4. 单位工程概算表； 5. 人工及主要材料单价和数量汇总表； 6. 主材汇总表、主要设备表； 7. 补充单价分析表
安全防范	1. 主要设计原则； 2. 工作方式及流程； 3. 设备构成及功能； 4. 设备设置方案； 5. 与相关专业的接口； 6. 用房及人员配备； 7. 存在的问题及下阶段设计注意事项； 8. 主要工程数量	1. 典型车站或各车站安检设备平面布置图； 2. 车辆段/停车场周界防范系统图； 3. 车辆段/停车场周界防范设施分布图

在设计过程中，是各专业之间相互配合，过程非常繁琐和细致，由于每个专业的要求深度不同，因此配合的程度也不同，主要是线路、行车、建筑、结构、设备系统（风、水、电）、共筹、投资、管线综合等专业，如何让不同设计院、不同专业之间相互顺利的配合，避免出现设计错误是非常重要的方面。

2.2.2.3　施工图设计

施工图，是表示工程项目总体布局，建筑物、构筑物的外部形状、内部布置、结构构造、内外装修、材料作法以及设备、施工等要求的图样。施工图主要由图框、平立面图、大样图、指北针、图例、比例等部分组成。

施工图具有图纸齐全、表达准确、要求具体的特点，是进行工程施工、编制施工图预算和施工组织设计的依据，也是进行技术管理的重要技术文件。一套完整的施工图一般包括建筑施工图、结构施工图、给排水、采暖通风施工图及电气施工图等专业图纸，也可将给排水、采暖通风和电气施工图合在一起统称设备施工图[12]。

施工图阶段主要完成的工作：组织各专业落实初步设计文件审查意见；统一技术标准，编制技术指导性文件；加强对涉及接口的管理，以减少设计错漏；参与招标与技术谈判；严格控制设计变更，进行限额设计；设计后续服务工作[13]。施工图应根据批准的初步设计进行编制，其设计文件应能满足施工、安装、加工及编制施工图预算的要求。施工图设计文件应包括：设计说明书、设计图纸、工程数量、材料设备表、修正概算或施工图概算。施工图设计文件的深度应达到能据以编制施工图预算、安排设备和材料订货、非标准设备的制作、施工和安装及调试，进行工程验收。

施工图设计中各专业设计内容及相关的设计图纸如表 2.2.2.3 所示：

初步设计各专业设计内容[11]　　　　　　　　　　　　　　　表 2.2.2.3

设计内容	设计方案	设计图纸
线路	1. 站间距分析、车站线位特征表； 2. 地下线、地面线、高架线分段统计长度及车站数； 3. 对全线右线的曲线数量、曲线长度、左右偏角等，按曲线半径分级进行统计和比重分析； 4. 对全线右线纵断面坡段长度按坡度大小分级统计； 5. 列出全线辅助线分布示意图，并注出辅助线间之站间距离； 6. 线路工程数量，包括正线左右线、辅助线、道岔、车档、道口等； 7. 线路调整优化设计	1. 线路平、纵断面图； 2. 出入线平、纵断面图； 3. 联络线纵断面图； 4. 线路平面图； 5. 纵断面设计图； 6. 坐标成果图
路基	1. 路基断面形状和宽度，曲线和轨旁设施需要的路基加宽情况，路基基床设计，路基横断面形式、边坡坡率、护坡宽度、侧沟及排水沟尺寸，机械化养路作业平台的设置及尺寸，路基各部位的填料要求和压实标准，过渡段设计原则及断面形式，地基技术要求及加固方法等； 2. 工点设计范围、设计参数的选择，结构类型及构造要求，采用的先进技术等； 3. 路基边坡防护及加固工程设计，排水系统设计	1. 一般路基设计横断面图； 2. 个别路基设计图； 3. 平面图； 4. 纵断面图； 5. 横断面图； 6. 过渡段设计图； 7. 路基工程结构物设计详图； 8. 有关监测方面的设计图； 9. 排水系统平面图； 10. 路基附属工程图

设计内容	设计方案	设计图纸
限界	1. 设备及管线的布置细则及注意事项； 2. 纵向疏散空间要求； 3. 建筑限界的制定； 4. 竣工后限界检查注意事项	1. 限界总坐标图； 2. 区间直线、曲线地段矩形、圆形、马蹄形隧道限界图； 3. 地下岛式、侧式站台直线车站限界图； 4. 区间直线、曲线特殊减震地段矩形、圆形、马蹄形隧道限界图； 5. 道岔区、转辙机安装处、区间联络通道限界图； 6. 隧道曲线段限界处理方法示意图； 7. 区间直线、曲线地段人防隔断门（或防淹门）限界图； 8. 射流风机处限界； 9. 圆形及单线马蹄形隧道曲线地段偏移量表； 10. 曲线车站站台、屏蔽门限界图； 11. 区间直线、曲线地段U型槽、地面线、高架线限界图； 12. 车辆段、存车线地段限界图
轨道	1. 施工设计方案与初步设计的变化说明； 2. 轨道主要几何技术参数； 3. 轨道设备技术性能及要求的说明； 4. 轨道结构构造设计及其技术要求的说明； 5. 轨道减震设备的技术性能与要求以及减震结构设计说明等	1. 各类非标设计的轨道设备安装图； 2. 不同地段的道床设计详图； 3. 无缝线路设计图及长轨条布置图； 4. 整体道床铺轨综合图
车站建筑	1. 车站设计； 2. 车站防火、防淹设计，人防设计及环境保护； 3. 建筑构造做法； 4. 车站无障碍设计； 5. 车站设备用房区装修说明及做法； 6. 对采用新技术、新材料的做法说明及对特殊建筑造型和必要的建筑构造的说明； 7. 门窗选型及数量表； 8. 地上车站幕墙工程及特殊屋面工程的性能及制作要求； 9. 地上车站维护结构建筑节能措施； 10. 车站需要采取的安全防范、防盗要求及具体措施； 11. 需要另行委托设计、加工的工程内容的必要说明，以及需要专业公司进行深化设计的部分，对分包单位明确设计要求，确定技术接口的深度； 12. 地上车站站前广场及车站设有站前人行集散广场、机动车及非机动车停车场、公交港湾的设计； 13. 施工注意事项和其他需要说明的问题	1. 总平面图； 2. 站厅、站台层或设备层平面图； 3. 站台板下墙沟平面图； 4. 车站其他层平面图； 5. 站厅、站台层或设备层的分段平面图； 6. 站台板下墙沟分段平面图； 7. 车站其他层部分分段平面图； 8. 车站纵剖面图； 9. 车站纵剖面分段图； 10. 车站横剖面图； 11. 变电所、男女厕所、水泵房及需要放大的设备用房平面图； 12. 车站主体内各种楼梯、电梯、扶梯的平、剖面图和节点大样图； 13. 站台层侧墙、电缆管墙平面图、立面图、剖面图及节点大样图； 14. 车站出入口通道、紧急疏散通道及无障碍电梯平面图、纵剖面图、横剖面图； 15. 车站出入口地面亭和紧急疏散地面亭及无障碍电梯地面亭平面图、剖面图、立面图、外檐墙身节点图；

续表

设计内容	设计方案	设计图纸
车站建筑		16. 车站风道平面图、纵剖面图、横剖面图； 17. 车站风亭局部总平面图； 18. 车站风亭平面图、剖面图、立面图、屋顶平面图、外檐墙身节点图； 19. 车站站前广场总平面图； 20. 车站站前广场局部总平面图； 21. 车站站前广场场地平面图； 22. 车站站前广场地面铺装平面图； 23. 车站站前广场绿化平面图； 24. 车站站前广场小品分布和景观平面图； 25. 小品立面图； 26. 详图大样
地下结构	1. 工程地质及水文地质概述； 2. 结构设计及构造要求； 3. 风险工程设计； 4. 监控量测； 5. 结构防水； 6. 工程材料； 7. 计算书； 8. 主要工程数量； 9. 施工注意事项及技术要求	1. 明挖、盖挖逆作法车站和区间工程施工设计图纸内容； 2. 矿山法车站和区间工程施工设计图纸内容； 3. 盾构法工程施工设计图纸； 4. 地下结构防水施工设计图纸
高架结构	高架区间结构： 1. 一般地段高架区间标准梁结构型式； 2. 特殊地酸桥梁结构型式； 3. 施工顺序说明； 4. 施工监测要点说明。 高架车站结构： 1. 轨道梁设计； 2. 设计载荷及荷载组合； 3. 结构耐久性设计； 4. 材料选用； 5. 结构分析； 6. 施工工序设计； 7. 人行天桥设计	1. 桥址平面图，桥梁总布置图； 2. 梁上部建筑布置图，包含桥面各专业设备及其限界； 3. 区间预制标准梁平面布置图； 4. 一般梁构造图； 5. 钢结构图； 6. 梁预应力束布置图； 7. 梁普通钢筋图； 8. 桥墩、桥台构造图； 9. 桥墩、桥台钢筋图； 10. 桥头搭板结构图； 11. 承台和基础结构及配筋图； 12. 桥面防水、排水图； 13. 附属结构图、桥梁栏杆图； 14. 支座布置图； 15. 支撑垫石布置图； 16. 伸缩缝构造图； 17. 施工阶段示意图； 18. 高架结构防雷接地图、区间高架结构防杂散电流图

设计内容	设计方案	设计图纸
供电	供电系统： 1. 中压网络和系统电缆敷设方式； 2. 电缆支架形式。 变电所： 1. 电源引入、引出位置； 2. 交流中压与低压、直流主接线型式及运作方式； 3. 牵引机组、配电变压器设置及运行方式； 4. 保护配置； 5. 防雷及操作过电压措施； 6. 接地装置及接地电阻说明。 电力监控系统： 1. 电力调度中心系统构成及数据容量要求； 2. 牵引变电所综合自动化系统构成及数据容量； 3. 降压变电所综合自动化系统构成及数据容量； 4. 变电所综合自动化系统设备配置； 5. 变电所综合自动化管线敷设方式； 6. 电源、防雷与接地。 牵引网系统： 1. 架空接触网设计； 2. 接触轨设计。 杂散电流腐蚀防护： 1. 杂散电流腐蚀防护要求； 2. 排流网设置及截面； 3. 排流柜运行方式； 4. 检测设备安装； 5. 电缆敷设及电源要求	供电系统： 1. 供电一次系统图； 2. 中压网络继电保护配置图； 3. 系统电缆敷设平面及剖面图； 4. 中压网络继电保护定值单； 5. 直流牵引供电系统继电保护定值单。 变电所： 1. 主要设备材料表； 2. 变电所主接线图； 3. 交流中压、低压、直流开关柜排列图； 4. 交直流自用电系统图； 5. 设备布置平面、剖面图； 6. 设备孔洞及预埋件平面、剖面图； 7. 电力电缆联系图； 8. 电缆敷设平面、剖面图； 9. 变电所继电保护配置图； 10. 变电所交流中压配电系统二次原理图； 11. 交流低压配电系统二次原理图； 12. 直流牵引配电系统二次原理图； 13. 通信、控制电缆联系图； 14. 接地系统图； 15. 接地装置布置平面、剖面图； 16. 变电所接地线敷设平面图。 电力监控系统： 1. 主要设备材料表； 2. 全线电力监控系统图； 3. 变电所综合自动化系统图； 4. 变电所三遥量表； 5. 设备、电缆敷设平面、剖面图。 牵引网系统： 1. 接触轨系统相关图纸； 2. 架空接触网系统相关图纸。 杂散电流腐蚀防护： 1. 主要设备材料表； 2. 杂散电流腐蚀防护系统图； 3. 排流柜原理接线图； 4. 钢筋焊接、引出端子要求； 5. 检测设备安装图； 6. 电缆敷设图
通信	1. 设备安装； 2. 管线敷设； 3. 线缆保护； 4. 设备的供电及接地等	1. 通信管路预埋图册； 2. 通信管线图册； 3. 设备布置平面图册； 4. 民用通信系统图册； 5. 公安通信系统图册

续表

设计内容	设计方案	设计图纸
信号	1. 设备布置设计； 2. 管线敷设设计； 3. 线缆保护； 4. 设备供电及接地； 5. 设备型号及配置说明	1. 控制中心图册； 2. 正线车站站台、站厅及区间沟槽管洞预埋（留）图； 3. 正线车站图册； 4. 车辆段/停车场沟槽管洞预埋（留）图； 5. 车辆段/停车场图册
通风、空调与供暖	1. 全线隧道通风空调系统的系统形式设计； 2. 主要设备选型； 3. 运行模式设计； 4. 系统控制设计	1. 全线系统设计图； 2. 车站及隧道供电系统设计图
给水排水和消防	给水排水及消防给水系统： 1. 给水系统； 2. 排水系统； 3. 给水排水及消防系统控制要求； 4. 系统计算； 5. 灭火器的配置； 6. 管道保温。 气体灭火系统： 1. 气体灭火管道走向、位置、管径及主要标高等设计； 2. 气瓶支架、喷头支架等设计； 3. 保护区管网系统组合分配方案	给水排水及消防给水系统： 1. 主要设备材料表； 2. 室外给水排水及消防总平面图； 3. 站厅及站台层（含出入口、通道）给水排水及消防平面图； 4. 给水系统图； 5. 冷却循环给水系统平面图及系统图； 6. 给水泵房图； 7. 各种排水泵站（房）图； 8. 横剖面图； 9. 局部设施； 10. 区间给排水及消防平面图； 11. 管道断面图； 12. 卫生间大样图。 气体灭火系统： 1. 主要设备材料表； 2. 管网系统原理图； 3. 管网布置图； 4. 管网系统图； 5. 气瓶间大样图； 6. 安装大样图； 7. 控制系统原理图； 8. 控制系统平面图； 9. 控制系统图
动力照明	1. 负荷等级及配电方式； 2. 动力设计； 3. 照明设计； 4. 导线、电缆的选型及敷设方式； 5. 设备选型及安装要求； 6. 设备控制原理图的选择； 7. 防雷、接地极安全； 8. 施工中应注意的问题	1. 主要设备材料表； 2. 动力、照明总系统图； 3. 应急照明系统图； 4. 动力、照明系统图； 5. 环控电控柜排列图； 6. 设备控制原理图； 7. 电缆平、面图； 8. 动力平面图； 9. 照明平面图； 10. 插座平面图； 11. 防雷平面图； 12. 接地及等电位平面图； 13. 有关安装大样图

设计内容	设计方案	设计图纸
火灾自动报警	1. 系统构成； 2. 系统功能； 3. 系统方案； 4. 设备配置及设备接口； 5. 电源及接地； 6. 施工应注意的问题	1. 主要设备材料数量表； 2. 车站系统图； 3. 控制点表； 4. 站台、厅层火灾自动报警平面图； 5. 车辆段系统图、平面图； 6. 运营控制中心系统图； 7. 控制流程表； 8. 系统模块箱接线图
环境与设备监控	1. 系统构成； 2. 系统具备的功能； 3. 系统配设； 4. 设备安装及管线敷设的要求及原则； 5. 电源及接地； 6. 施工应注意的问题	1. 主要设备材料数量表； 2. 车站系统图； 3. 各车站站台、厅层环境与设备监控平面图； 4. 运营控制中心系统图、平面图； 5. 车辆段系统图、平面图； 6. 控制点表； 7. 控制流程表
自动售检票	1. 系统构成； 2. 设备具备的功能； 3. 系统配设； 4. 设备安装及管线敷设的要求和原则； 5. 电源及接地； 6. 施工应注意的问题； 7. 说明管线施工、线缆敷设、设备安装等主要技术要求及注意事项	1. 设备材料数量汇总表； 2. 网络系统图； 3. 配电系统图； 4. 各车站、控制中心、车辆综合基地总体设备平面布置图； 5. 各车站、控制中心、车辆综合基地设备、管线平面布置图； 6. 典型设备布置及安装关系图
自动扶梯和电梯	1. 设备选型； 2. 设备运营及管理模式； 3. 设备国产化	1. 主要工程数量； 2. 设备平面布置图； 3. 站台、厅层自动扶梯工艺布置图； 4. 站台、厅层无机房电梯工艺布置图； 5. 出入口自动扶梯工艺布置图； 6. 出入口无机房电梯工艺布置图
综合监控	1. 系统构成； 2. 系统具备的功能； 3. 系统配设； 4. 设备安装及管线敷设的要求和原则； 5. 电源及接地； 6. 施工应注意的问题	1. 全线系统图； 2. 车站系统图； 3. 车站控制室设备布置图； 4. 站台、厅层综合监控平面图、干线图； 5. 运营控制中心系统图、平面图； 6. 主要设备材料数量表
乘客信息	1. 系统构成和功能； 2. 对设备配置和联动控制及接口的详细说明； 3. 施工应注意的问题	1. 控制中心图册； 2. 车站图册； 3. 车辆段图册

续表

设计内容	设计方案	设计图纸
办公自动化	1. 软件建设方案； 2. 信息点布置； 3. 管线敷设及设备安装要求； 4. 系统接口； 5. 电源与接地、保护； 6. 施工应注意的问题	1. 控制中心图册； 2. 车站图册； 3. 车辆段图册
门禁	1. 系统构成； 2. 设备配置； 3. 门禁监控点设置； 4. 系统功能； 5. 接口设计； 6. 门禁设备安装及线路敷设； 7. 电源与接地及其他	1. 门禁系统主要设备图例符号； 2. 中央及主要设备材料表； 3. 车站主要设备材料表； 4. 车辆段或停车场主要设备材料表； 5. 全线、车站、控制中心、车辆段或停车场系统图； 6. 控制中心门禁系统设备平面布置图； 7. 车站门禁系统设备平面布置图； 8. 车辆段或停车场门禁系统设备平面布置图
站台门	1. 主要技术参数； 2. 相关接口； 3. 接地及绝缘； 4. 安装施工说明	1. 监控系统、电源、接地构成图； 2. 标准门单元布置图； 3. 安装剖面及与土建接口详图； 4. 预埋件布置图； 5. 主要设备材料数量表； 6. 车站站台门平面布置图； 7. 车站站台门平、立面详图； 8. 站台门设备室布置图； 9. 站台、厅层站台门管线布置图； 10. 设备层站台门管线布置图
声屏障	1. 声屏障设置形式及设置里程； 2. 不同形式声屏障的结构组成形式； 3. 声屏障材料及构件选择； 4. 密封构造要求	1. 主要设备材料数量表 2. 声屏障平面布置图； 3. 声屏障横剖面图； 4. 声屏障纵向视图； 5. 声屏障伸缩缝做法大样图； 6. 声屏障板构造图； 7. 声屏障立柱预埋件图； 8. 地面段声屏障立柱基础平面布置图； 9. 声屏障钢架断面图； 10. 声屏障钢架平面图； 11. 声屏障钢架立面图； 12. 声屏障钢架柱脚构造详图； 13. 钢架结构节点详图； 14. 地面段声屏障钢架基础图

设计内容	设计方案	设计图纸
车站内部管线综合	1. 尺寸单位及管线标高; 2. 设计接口说明	1. 管线图例及专业代码; 2. 站厅层天花、地板管线综合平面布置图; 3. 站厅层天花、地下管线综合平面布置图; 4. 站台、站台层天花管线综合分段平面图; 5. 站台板下管线综合分段平面图; 6. 其他设备层天花、地板管线综合平面图; 7. 各层管线剖面图; 8. 管线密集区平剖面图节点大样图; 9. 站厅、站台层综合吊架范围图
车辆综合基地	1. 站场设计; 2. 各辅助车库设计; 3. 车间设备设计; 4. 管线综合设计	1. 战场线路平面设计图; 2. 线路轴线纵断面设计图; 3. 站场横断面设计图; 4. 车场出入线平面设计图; 5. 出入线纵断面设计图; 6. 出入线路基设计图; 7. 道路平面设计图; 8. 排水设计图; 9. 排水主干管纵断面设计图; 10. 室外管线综合设计图; 11. 专用线设计图
运营控制中心	1. 调度大厅布置; 2. 设备机房布置; 3. 网络管理室布置; 4. 与建筑、结构、供电、通风、给排水等相关专业接口	1. 调度大厅调度台、设备机房、电源室、网络管理室、培训管理室设备工艺布置图; 2. 调度大厅调度台、设备机房、电源室、网络管理室、培训管理室强、弱电线槽敷设平、剖面图
人防工程	1. 建筑; 2. 结构; 3. 孔口防护; 4. 通风; 5. 给排水; 6. 电气; 7. 人防信号、通信	1. 人防工程总图; 2. 各防护段的建筑图、结构图; 3. 各防护段的平面、剖面、断面图
交通衔接	1. 交通衔接工程平面布局设计,各部分位置及尺寸; 2. 构筑物工程设计; 3. 施工注意事项	1. 全线车站分布示意图; 2. 全线各站位置,沿线主要道路的概略位置及相对关系; 3. 车站交通衔接平面设计图; 4. 交通衔接设施各部分详细设计图; 5. 路面结构设计图; 6. 挡土墙、涵洞及附属构筑物图; 7. 换乘标识布置图; 8. 工程特殊部位技术处理的主要图纸; 9. 桥梁、排水、绿化景观、供电、照明、系统、通信等设施设计图

2.2.3　施工阶段

2.2.3.1　土建施工

城市轨道交通土建施工根据线路在地下和地上敷设条件的不同差异较大，本书主要对车站地下施工方法做介绍，主要包括明挖法，盖挖法，暗挖法和沉管法等等。现介绍如下：

1. 明挖法

明挖法是指挖开地面，然后由上向下开挖土石方至设计标高后，自基底由下向上顺作施工完成隧道主体结构，最后回填基坑或恢复地面的施工方法，如图 2.2.3.1-1 所示。明挖法施工属于深基坑工程技术。深基坑工程的主要技术难点在于对基坑周围原状的保护，防止地表沉降，减少对既有建筑物的影响。它是各国地下铁道施工的首选方法，在地面交通和环境允许的地方通常采用明挖法施工，浅埋地铁车站和区间隧道也经常采用明挖法。

图 2.2.3.1-1　地铁明挖法

明挖法的优点是土建造价相对较低、施工快捷；适合多种不同的地质条件，可以有效地减少线路的埋深；施工工艺简单、技术成熟、施工安全、工期短、施工质量易保证；防水方法简单、质量可靠。但明挖法也具有一定的缺点，如施工时对周边环境和交通影响大；引起大量拆迁；工程综合造价较深埋条件下矿山法高等。

2. 盖挖法

盖挖法是由地面开挖至一定深度后将顶部封闭，其余的下部工程在封闭的顶盖下进行施工的施工方法。盖挖法的优点是安全，占地少，对居民生活干扰小，采取措施合理甚至可做到基本不影响交通等，但施工速度比明挖法要低。

盖挖法可分为盖挖顺作法，盖挖逆作法和盖挖半逆作法，如图 2.2.3.1-2～图 2.2.3.1-4 所示。

3. 暗挖法

1）矿山法

矿山法的基本原理是隧道开挖受爆破影响，造成岩体破裂松弛，从而形成土体坍塌。用矿山法施工时，将整个断面分步开挖至设计轮廓，并随之修筑衬砌，如图 2.2.3.1-5 所示。

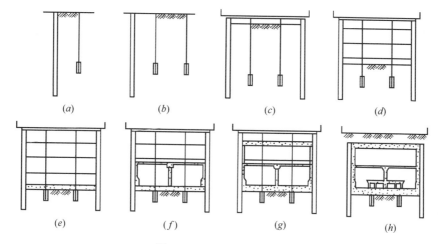

图 2.2.3.1-2　盖挖顺作法

（a）构筑连续墙、中间支撑桩；（b）构筑中间支撑桩；（c）构筑连续墙及盖箱板；

（d）开挖及支撑安装；（e）开挖及构筑底板；（f）构筑侧墙、柱及楼板；

（g）构筑侧墙及顶板；（h）构筑内部结构、路面恢复

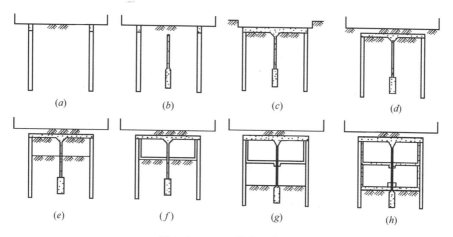

图 2.2.3.1-3　盖挖逆作法

（a）构筑围护结构；（b）构筑主体结构及中间立柱；（c）构筑顶板；

（d）回填土、恢复路面；（e）开挖中土层；（f）构筑上层主体结构；（g）开挖下层土；

（h）构筑下层主体结构

当地层松软时，可采用简便挖掘机具进行，并根据围岩稳定程度，进行边开挖边支护。

2）新奥法

新奥法施工充分利用围岩的自承能力和开挖面的空间约束作用，采用以锚杆和喷射混凝土为主要支护手段，及时对围岩进行加固，约束围岩的松弛和变形，并通过对围岩和支护结构的监控、测量来指导地下工程的设计与施工，如图 2.2.3.1-6 所示。

新奥法是目前广泛采用的一种施工方法，其特点是在开挖面附近及时施作密贴于围岩的薄层柔性喷射混凝土和锚杆支护，以便控制围岩的变形和应力释放，从而在支护和围岩的共同变形过程中，调整围岩应力重分布而达到新的平衡，以求最大限度地保持围岩的固有强度和利用其自承能力。因此，它也是一个具体应用岩体动态性质的完整力学方法，其

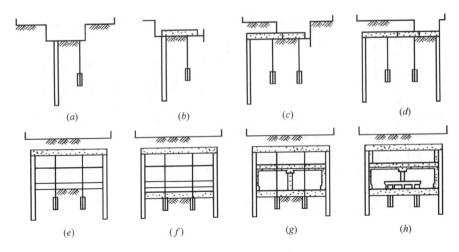

图 2.2.3.1-4　盖挖半逆作法

（a）构筑连续墙、中间支撑桩及临时挡土设备；（b）构筑顶板；（c）打设中间桩、
临时挡土设备及构筑顶板；（d）构筑连续墙及顶板；（e）依次向下开挖，逐层安装水平支撑；
（f）构筑连续墙支撑桩及盖箱板；（g）向下开挖构筑底板；
（h）构筑侧墙及内部结构物

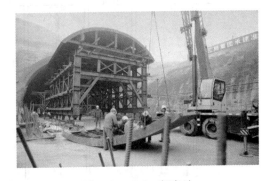

图 2.2.3.1-5　地铁施工中的矿山法隧道　　　　图 2.2.3.1-6　新奥法

目的在于促使围岩能够形成圆环状承载结构，故一般应及时修筑仰拱，使断面闭合成圆环。它适用于各种不同的地质条件，在软弱围岩中更为有效。

采用该方法修建地下铁道时，对地面干扰小，工程投资也相对较小；在我国目前的地下铁道区间隧道修建工程中，使用该方法的较多。但是使用此方法施工时，不方便机械化作业，工人劳动强度高，工作条件恶劣，需要较全面的劳动保护措施。

3）浅埋暗挖法

浅埋暗挖法是在距离地表较近的地下进行各种类型地下洞室暗挖施工的一种方法。在城镇软弱围岩地层中，在浅埋条件下修建地下工程，以改造地质条件为前提，以控制地表沉降为重点，以格栅（或其他钢结构）和喷锚作为初期支护手段，遵循"新奥法"大部分原理，按照十八字原则（即管超前、严注浆、短开挖、强支护、快封闭、勤量测）进行隧道设计和施工，如图 2.2.3.1-7 所示。

浅埋暗挖法最大的特点是埋深浅，施工过程中由于地层损失而引起地面移动明显，对周围环境影响较大。因此对开挖、支护、衬砌、排水、注浆等方法的要求高，施工难度增加。

由于浅埋暗挖法具有造价低、拆迁少、灵活多变、无须太多专用设备及不干扰地面交通和周围环境等特点，浅埋暗挖法在我国类似地层和各种地下工程中得到了广泛应用。

图 2.2.3.1-7　浅埋暗挖法作业

4）盾构法

盾构法是隧道暗挖施工法的一种，如图 2.2.3.1-8～图 2.2.3.1-10 所示。盾构机是这种施工方法的主要施工机械。盾构法是除了竖井施工外，施工作业均在地下进行，既不影响地面交通又可以减少对附近居民的噪声和振动影响，盾构的整个工序施工易于管理，机械化程度高，工人劳动强度低，施工进度快，施工产生的土方少，穿越河道时，不影响航运，施工不受气候影响，在地质条件差，地下水位高的，埋深大的地方具有优越性。但是，盾构机的造价和机械复杂程度相对高。

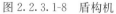

图 2.2.3.1-8　盾构机

图 2.2.3.1-9　盾构法施工

5）掘进机法

掘进机法是用特制的大型切削设备，将岩石剪切挤压破碎，然后通过配套的运输设备将碎石运出，如图 2.2.3.1-11～图 2.2.3.1-12 所示。其主要设备是掘进机，掘进机一般有全断面隧道掘进机、臂式掘进机两种类型。

隧洞掘进机开挖比钻爆法掘进速度快、用工少、施工安全、开挖面平整、造价低，但

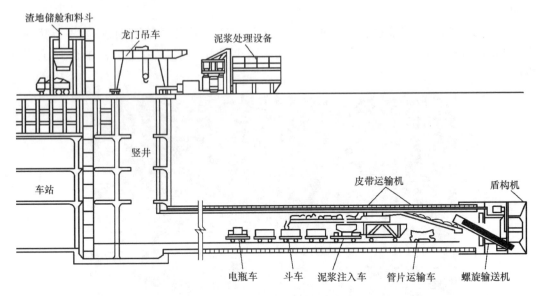

图 2.2.3.1-10　盾构法施工概貌

机体庞大、运输不便，只能适用于长洞的开挖，并且机器直径不能调整，对地质条件及岩性变化的适应性差，使用过程中有一定的局限性。

图 2.2.3.1-11　掘进机

图 2.2.3.1-12　掘进机作业

6）顶管法

顶管法是隧道或地下管道穿越铁路、道路、河流或建筑物等各种障碍物时采用的一种暗挖式施工方法，如图 2.2.3.1-13 所示。在施工时，通过传力顶铁和导向轨道，用支承于基坑后座上的液压千斤顶将管压入土层中，同时挖除并运走管正面的泥土。当第一节管全部顶入土层后，接着将第二节管接在后面继续顶进，这样将一节节管子顺序顶入，做好接口，建成涵管。顶管法特别适于建修建穿过已成建筑物、交通线下面的涵管或河流、湖泊。

顶管法的特点是：适用于软土或富水软土层；无需明挖土方，对地面影响小；设备少、工序简单、工期短、造价低、速度快；适用于中型管道（1.5~2m）管道施工；大直径、超长顶进、纠偏困难；可穿越公路、铁路、河流、地面建筑物进行地下管道施工；可以在很深的地下铺设管道。

图 2.2.3.1-13 顶管法

2.2.3.2 各种设施设备安装

通过上述地下工程施工方法完成地下挖洞后，另一项较为重要的施工步骤就是各种设施设备的安装，这涵盖了各个系统的架构和搭建，比如与为了实现地铁通信的功能，需要完成线缆敷设、变电所建设、接触网敷设等等作业。这些设施设备安装都为城市轨道交通的建成及运营与维护奠定了基础。以下介绍不同子系统的工艺及工作内容，如表 2.2.3.2-1～表 2.2.3.2-18 所示[14]。

1. 通用工艺安装

通用工艺安装 表 2.2.3.2-1

工艺	工作内容
等电位接地箱安装	等电位接地箱安装
区间支架安装	区间支架安装
地面金属线槽安装	支架的安装、金属线槽的安装、跨接地线的连接等
架空线槽安装	金属线槽的安装、跨界地线的连接、金属线槽固定等
镀锌铜管安装	镀锌铜管在地面、墙体内暗埋敷设，在吊顶内明装敷设
区间光缆敷设	区间光缆敷设、光缆引入、光缆预留及标识等
光缆接续	核对光缆规格型号；光缆预留固定；光缆开剥；速管开剥固定；尾纤安装；尾纤开剥固定；光纤接续；收容；测试；填写光缆接续及测试记录等
机柜安装	机柜安装
机柜底座安装	机柜底座安装
过轨管预埋	混凝土道床过轨玻璃钢管预埋及碎石道床过轨玻璃钢管预埋等
设备材料二次运搬	准备运输车辆，确认地铁线路已经钢轨铺通，提报行车计划，准备装车机具，变电所做好二次运搬的工具材料、物资堆放地点等准备工作

2. 接触网系统设备安装

接触网系统设备安装   表 2.2.3.2-2

工艺	工作内容
柔性架空接触网	施工质量,基坑开挖及混凝土浇筑,支柱安装及调整,硬横梁安装,支柱装配,拉线及下锚装置安装,架空地线,馈线架设及调整,承力索架设,接触线架设,中心锚结安装和接触悬挂调整等工序施工,工程实体安装、调整到位,经检查验收达到质量标准,填写安装记录
刚性架空接触网	纵向及横向测量,钻孔及锚栓安装,悬挂支持装置安装,汇流排安装,接触线架设,架空地线架设及调整,中心锚结安装,接触悬挂调整,电连接安装,刚柔过渡安装,标识牌安装,冷滑等工序施工,工程实体安装调整到位,经检查验收达到质量标准,填写安装技术记录
下接触式接触轨	施工测量,钻孔及锚栓安装,底座及绝缘支架安装,接触轨安装及调整,防护罩安装,电连接安装,接地线安装等工序施工,工程实体安装调整到位,经检查验收达到质量标砖,填写安装技术记录
上接触式接触轨	直流 750V 上接触式接触轨安装工程内容包括,接触轨锚段定位测量,接触轨绝缘支撑定位打孔,接触轨绝缘支撑安装,接触轨及其附件安装,接触轨精调,防护罩支架及防护罩安装等
侧式接触轨	直流 1500V 侧接触轨安装工程内容,轨道梁预埋件检查及测量,支持绝缘子检测和安装,汇流排膨胀关节电连接焊接,整体夹持 T 型汇流排安装和连接,接触线架设安装,悬挂调整,道岔接触网安装和调整,防护板安装,车体接地板安装和调整,避雷器箱体(含引线)安装,经检查验收达到质量标准并填写不同批次的安装记录
设备及回流安装	分段绝缘器安装,隔离开关安装,避雷器安装,线岔安装,静调电源柜安装,地电位均衡器安装,均回流箱安装,电缆与钢轨连接安装等工序施工,工程实体安装调整到位,经检查验收达到质量标准,填写安装记录

3. 变电专业设备安装

变电专业设备安装   表 2.2.3.2-3

工艺	工作内容
变电所	设备基础预埋件安装,变电所桥架,支架安装,接地干线安装,变压器安装,中压开关柜安装(35kV、10kV),直流设备绝缘安装,低压开关柜安装,其他设备安装(交直流屏、轨电位限制装置等),电线敷设,电力电缆终端头制作,控制电缆接续等
环网电缆	电缆支架安装,环网电缆敷设,环网电缆中间头制作,电力电缆终端头制作等
杂散电流检测与防护	参比电极安装,传感器安装,排流柜安装,单向导通装置安装,杂散电流电缆敷设,电缆与钢轨连接
电力监控	设备基础预埋件安装,变电所桥支架安装,设备安装,光缆及电缆敷设,电缆及光缆接续

4. 综合接地安装

综合接地安装   表 2.2.3.2-4

工艺	工作内容
综合接地网施工	沟槽定位,沟槽开挖,水平接地体安装,垂直接地体安装,接地引出装置安装,焊头防腐,接地电阻测试,释放降阻剂,沟槽回填夯实,填写安装技术记录等
综合接地系统电缆、设备作业	线槽安装,接地电缆敷设,接地母线安装,接地端子箱安装,防雷接闪器安装,填写安装技术记录等

5. 通信系统安装

通信系统安装　　　　表 2.2.3.2-5

工艺	工作内容
管道光缆敷设	管道试通，光缆敷设，余留，截断等
机柜间电缆敷设	通信机柜间电缆敷设，电缆整理和电缆绑扎
通信缆线成端接续	市话电缆接续成端，数字配线架 2M 线缆成端制作（同轴电缆连接器/L9），音频配线架模块配线，网络配线架数据模块配线成端，视频线缆成端 BNC 制作
通信终端设备安装	广播终端安装，摄像机安装，时钟终端安装，车站无线天线安装
泄漏同轴电缆安装	漏缆卡具安装，漏缆敷设

6. 旅客信息系统

旅客信息系统　　　　表 2.2.3.2-6

工艺	工作内容
旅客信息系统（PIS）设备安装	电视安装，LED 条屏安装以及区间 AP 箱安装

7. 导向标识系统设备安装

导向标识系统设备安装　　　　表 2.2.3.2-7

工艺	工作内容
导向标识系统设备安装	导向标识预埋件测量及加工；导向标识预埋件安装，导向标识牌体安装调试，填写安装技术记录

8. 站台门安装

站台门安装　　　　表 2.2.3.2-8

工艺	工作内容
站台门安装	施工测量，定位打孔，化学锚栓预埋，底部支撑安装，上部支撑安装，立柱安装，门槛安装，门机梁安装，门体安装，设备机柜安装，铝合金线槽安装，防踏空齿梳安装，等电位联结

9. 给水排水及消防水系统安装

给水排水及消防水系统安装　　　　表 2.2.3.2-9

工艺	工作内容
给水排水及消防水系统安装	给水系统管道安装，卫生器具安装，室内消防栓系统安装，水泵及稳压装置安装，室外给水管网安装，室外排水管网安装，管道及设备防腐及保温

10. 通风空调系统安装

通风空调系统安装　　　　表 2.2.3.2-10

工艺	工作内容
通风空调系统安装	金属风管与配件制作，非金属风管与配件制作，风管及部件制作，消声器安装，通风机安装，制冷管道安装，空调水系统设备安装，空调水管道防腐及保温，风管保温安装，VRV 系统冷媒管道安装，VRV 系统设备安装

11. 气体灭火及火灾报警系统（FAS）作业指南

气体灭火及火灾报警系统（FAS）作业指南　　　　　表 2.2.3.2-11

工艺	工作内容
气体灭火及火灾报警系统（FAS）作业	气体灭火系统吊架制作、安装及刷漆；无缝钢管官网制作、安装及刷漆，泄压口安装，喷嘴安装，气瓶支架安装，启动装置安装，灭火瓶安装，选择阀，单向阀，泄压阀等各种阀体安装，高压软管安装，集流管安装，出管组件安装，防火封堵，各种标牌标识挂贴，填写设备安装技术记录。火灾报警（FAS）系统支架吊架制作、安装及刷漆，官网与线槽制作、安装及刷漆，墙体剔槽，各种线缆敷设，FAS 主机、空气采样主机、感温光纤主机、模块箱、气体控制盘等各种箱体安装，探测器、感温光纤、感温光缆、空气采样管网等各种探测设备安装，防火封堵，各种标牌标识挂贴，填写设备安装技术记录

12. 环境设备与监控系统作业指南

环境设备与监控系统作业指南　　　　　表 2.2.3.2-12

工艺	工作内容
环境设备与监控系统作业	机柜基础底座预埋，BAS 控制柜安装，BAS 模块箱安装，传感器安装，线缆接续

13. 门禁系统安装作业指南

门禁系统安装作业指南　　　　　表 2.2.3.2-13

工艺	工作内容
门禁系统安装作业	预埋钢管，机柜底座安装，线槽安装，就地控制箱安装，电磁锁和衔铁安装，电插锁安装，读卡器安装，出门按钮机紧急按钮安装

14. 综合监控系统安装作业指南

综合监控系统安装作业指南　　　　　表 2.2.3.2-14

工艺	工作内容
综合监控系统安装	综合监控系统前置机柜、服务器柜、UPS 电源装置、配电柜、IBP 盘等设备基础支架的制作及安装；前置机柜、服务器柜、UPS 电源装置、IBP 盘之间的连接线槽的安装，以及 ISCS 前置机柜到 PSCADA 控制信号屏、BAS 控制柜等与 ISCS 集成或互联网系统的控制柜间的连接线槽的安装；综合监控系统设备（前置机柜、服务器柜、UPS 电源装置、IBP 盘、操作工作站）的运输安装；各设备间的线缆敷设及接续，以及综合监控系统与之集成或互联子系统间的线缆敷设和接续等施工内容

15. 动力照明系统安装作业指南

动力照明系统安装作业指南　　　　　表 2.2.3.2-15

工艺	工作内容
动力照明系统安装作业	配电箱安装，成套配电柜安装，电缆敷设及电缆头制作安装，灯具安装，开关插座安装，综合支吊架安装

16. 感应板安装

感应板安装   表2.2.3.2-16

工艺	工作内容
感应板安装	感应板定位测量，感应板安装，感应板安装，附属装置安装

17. 疏散平台布置

疏散平台   表2.2.3.2-17

工艺	工作内容
疏散平台	测量定位，支架安装，扶手安装，疏散平台布板及步梯安装

18. 信号系统设备安装

信号系统设备安装   表2.2.3.2-18

工艺	工作内容
信号系统设备安装	电缆工程，信号机安装，转辙机，轨道电路设备，轨旁无线设备，应答器安装，站台设备安装，室内设备安装

19. 自动售检票（AFC）系统设备安装

自动售检票（AFC）系统设备安装   表2.2.3.2-19

工艺	工作内容
自动售检票（AFC）系统设备安装	地面线槽安装，闸机（AG）底座安装，闸机（AG）设备安装，自动售票机（TVM）底座安装，自动售票机（TVM）设备安装，半自动售票机（BOM）设备安装，自动查询机（AQM）安装，顶棚导向（LED）设备安装

2.2.4 验收阶段

　　城市轨道交通建设项目竣工后，严格按照国家有关法律、法规、有关建设标准、设计规范、工程施工质量验收标准、经批准的项目建议书、可行性研究报告、经批准的初步设计文件（包含批准的修改初步设计）、审核合格的施工图（包括经批准的变更设计文件）、建设单位与集成商、供货商、安装单位等承包商签订的合同、市交通委发布的相关技术条件和规范、其他相关具有法律效力的文件等，进行验收。各个子系统验收内容及标准如下[15]。

2.2.4.1 车辆工程验收

车辆工程验收内容及验收标准如表2.2.4.1所示。

车辆工程验收内容   表2.2.4.1

项目	分项	验收内容	验收标准
内业检查	质量控制资料核查	1. 车辆履历簿；2. 车辆生产质量控制资料；3. 车辆大部件合格证；4. 车辆例行试验报告；5. 车辆出厂检验报告；6. 用户现场整备合格证；7. 图纸、资料、操作说明书等文件；8. 洽谈、变更文件	内容真实、准确，签字完整、有效
	安全和功能检查资料核查	1. 型式试验报告；2. 例行试验报告	

续表

项目	分项	验收内容	验收标准
外业检查	观感检查	1. 车下吊挂；2. 车体；3. 车顶；4. 司机室；5. 客室；6. 全车接地线；7. 车钩；8. 贯通道；9. 车辆标识	外观完好，组装良好，安装牢固，功能正常，符合设计文件或相关标准
	安装检查	1. TC1；2. M；3. M1；4. T；5. TC2；6. 车端电气连接器；7. 转向架；8. 制动装置及风源系统	
	功能检查	静态测试：1. 蓄电池；2. TMS；3. 电笛；4. 刮雨器；5. 辅助电源系统；6. 照明；7. 司机室电暖；8. 风源系统；9. 制动控制；10. CCTV 系统；11. PIDS 系统；12. 车门系统；13. 空调系统。 动态测试：1. 走行前准备；2. 牵引/制动一般性能试验；3. 退行限速；4. 洗车试验；5. 车门系统；6. 列车广播和乘客信息显示系统；7. 贯通道	

2.2.4.2 牵引供电系统验收

牵引供电系统验收内容及验收标准如表 2.2.4.2 所示：

牵引供电系统验收内容 表 2.2.4.2

项目	分项	验收内容	验收标准
内业检查	质量控制资料核查	1. 图纸会审、设计变更、洽商记录；2. 工程定测、放线记录；3. 原材料出厂合格证及进场检（试）验报告；4. 设备开箱检验记录；5. 施工试验报告及见证检测报告；6. 隐蔽工程记录表；7. 施工记录；8. 施工现场质量管理检查记录；9. 分项、分部工程质量验收记录；10. 工程质量事故及事故调查处理资料；11. 新技术、新材料、新工艺施工记录	内容真实、准确，签字完整、有效
	安全和功能检查资料核查	1. 变电所体 10kV 交流开关柜、直流开关柜、400V 交流开关柜、整流机组、动力变压器、轨电位限制装置、排流柜、再生电能吸收装置等单体设备电气工程交接试验记录；2. 变电所内整组传动试验记录；3. 变电所间试验记录；4. 变电所综合自动化功能测试、调试记录（包括遥信、遥测、遥控、遥调）；5. 杂散电流系统测试/调试记录；6. 再生制动电能吸收系统测试/调试记录；7. 电、光缆试验记录；8. UPS 电源系统调试测试记录；9. 变电所开通试运行记录；10. 接地端子移交记录（由土建单位移交设备单位）；11. 架空刚性接触网预埋件拉拔试验记录；12. 架空刚性接触网限界、拉出值、导高等测试记录；13. 架空柔性接触网限界、拉出值、导高等测试记录；14. 牵引网冷滑试验资料；15. 牵引网热滑试验记录表（动调单位提供）	

续表

项目	分项	验收内容	验收标准
外业检查	观感检查	1. 电缆支架安装；2.10kV 交流开关柜外观；3. 整流机组/变压器外观；4.1500V/750V 直流开关柜外观；5.400V 交流开关柜外观；6.UPS 电源系统设备外观；7. 牵引网外观	外观完好，组装良好，安装牢固，功能正常，符合设计文件或相关标准
	安装检查	1. 电缆支架安装；2.10kV 交流系统设备安装；3.1500V/750V 直流系统设备安装；4.400V 交流系统设备安装；5.UPS 电源系统设备安装；6. 接触网架设；7. 接触轨安装	
	功能检查	1. 变电所传动试验；2. 上网隔离开关、断路器分合操作；3. 变电所自动化屏显示功能；4. 盘面表计显示功能；5.UPS 电源输出电压；6. 接触网几何参数，即接触线高度、坡度、拉出值、限界，以及锚段关节、线岔相互位置等测量；7. 接触线平顺性，包括硬点、驰度等（静态）；8. 弓网压力（动态调试）；9. 离线率（动态调试）	

2.2.4.3 通信系统验收

通信系统验收内容及验收标准如表 2.2.4.3 所示：

通信系统验收内容   表 2.2.4.3

项目	分项	验收内容	验收标准
内业检查	质量控制资料核查	1. 图纸会审、设计变更、洽商记录；2. 原材料出厂合格证及进场检验报告；3. 设备出厂合格证或试验报告；4. 竣工测试报告；5. 施工记录；6. 隐蔽工程验收记录；7. 工程质量事故及事故调查处理资料；8. 施工现场质量管理检查记录；9. 分项、分部工程质量验收记录；10. 新技术、新材料、新工艺施工记录	内容真实、准确，签字完整、有效
	安全和功能检查资料核查	1. 电缆区段性能测试记录；2. 光缆中继段性能测试记录；3. 传输系统通道性能测试记录；4. 专用电话功能检测测试记录；5. 无线通信功能检测测试记录；6. 闭路电视监视系统功能检验测试记录；7. 广播系统功能检验测试记录；8. 时钟系统功能检验测试记录；9. 电源系统功能检验测试记录；10. 接地装置检验测试记录	
外业检查	观感检查	1. 设备安装；2. 设备配线；3. 线缆桥架；4. 托板托架；5. 漏泄电缆；6. 区间直放站；7. 光电缆引入；8. 光电缆接头；9. 摄像机、扬声器、天线等终端设备安装	各个子系统外观完好，组装良好，安装牢固，功能正常，符合设计文件或相关标准
	安装检查	1. 管槽安装；2. 传输系统安装配线；3. 专用电话系统安装配线；4. 公务电话系统安装配线；5. 无线系统安装配线；6. 广播系统设备安装配线；7.CCTV 系统安装配线；8. 时钟系统安装与配线；9. 电源与接地系统安装；10. 光电缆线路	
	功能检查	1. 传输系统功能；2. 专用电话系统功能；3. 公务通话系统功能；4. 无线系统功能；5. 广播系统功能；6.CCTV 系统功能；7. 时钟系统功能；8. 电源系统功能	

2.2.4.4　信号系统验收

信号系统验收内容及验收标准如表 2.2.4.4 所示：

信号系统验收内容

表 2.2.4.4

项目	分项	验收内容	验收标准
内业检查	质量控制资料核查	1. 图纸会审、设计变更、洽商记录；2. 工程定测记录；3. 原材料出厂合格证及进场检（试）验报告；4. 设备出厂合格证或试验报告；5. 电气试验报告；6. 隐蔽工程验收记录；7. 施工记录；8. 工程质量事故及事故调查处理资料；9. 施工现场质量管理检查记录；10. 分项、分部工程质量验收记录表	内容真实、准确，签字完整、有效
	安全和功能检查资料核查	1. 新技术、新材料、新工艺施工记录；2. 单体设备试验报告及系统试验报告；3. 信号系统试运行报告；4.144 小时稳定性试验报告；5. 单车调试安全授权证明；6. 多车调试安全授权证明；7. 按图试运行安全授权证明；8. 开通试运营安全授权证明	
外业检查	观感检查	1. 电（光）缆线路（含支架、线槽、敷设、防护管路、接续、箱盒）；2. 室外设备（固定信号机、发车指示器、按钮装置、转辙机、列车检测与车地通信设备、防雷及接地、室外设备标识及硬面化）；3. 车载设备（车载机柜、人机界面、车载天线及传感装置、设备配线及标识）；4. 室内设备（机柜（架）、配线、电源设备、操作显示设备）	各个子系统外观完好，组装良好，安装牢固，功能正常，符合设计文件或相关标准
	安装检查	1. 电（光）缆线路（光电缆敷设、光电缆防护、光电缆支架、光电缆接续、光电缆间、箱盒安装）；2. 室内设备（机柜（架）、走线架（槽）、电（光）缆引入、操作显示设备、大屏设备、电源设备、单元控制台、应急盘、配线等）；3. 室外设备（信号机、转辙机、轨道电路、计轴磁头、应答器、波导管、AP 天线、AP 箱等）；4. 车载信号设备（车载机柜、人机界面、车载天线、车载通信设备、测速装置、其他附属信号设备、配线）；5. 防雷与接地	
	功能检查	1. 联锁关系；2. 信号设备室内外一致性；3. 人机界面功能；4. 电源系统功能；5. 维护系统功能；6. 微机监测系统功能；7. 车站 ATS 系统功能；8. 中心 ATS 系统功能；9. ATP 系统功能；10. ATO 系统功能；11. ATC 系统功能	

2.2.4.5　自动售检票系统验收

自动售检票系统验收内容及验收标准如表 2.2.4.5 所示：

自动售检票系统验收内容　　　　　　　　　　　表 2.2.4.5

项目	分项	验收内容	验收标准
内业检查	质量控制资料核查	1. 图纸会审、设计变更、洽商记录；2. 原材料出厂合格证及进场检（试）验报告；3. 设备出厂合格证或试验报告；4. 竣工测试报告；5. 隐蔽工程验收记录；6. 施工现场质量管理检查记录；7. 分项、分部工程质量验收记录；8. 工程质量事故及事故调查处理资料；9. 新技术、新材料、新工艺施工记录	内容真实、准确，签字完整、有效
	安全和功能检查资料核查	1. 车站终端设备检测记录；2. 车站计算机系统检测记录；3. 电源设备检测记录；4. 接地检测记录；5. 线缆区段性能检测记录	
外业检查	观感检查	1. 机房设备安装；2. 车站终端设备安装；3. 设备配线；4. 电源设备与接地	各个子系统外观完好，组装良好，安装牢固，功能正常，符合设计文件或相关标准
	安装检查	1. 电源机柜安装；2. 网络机柜安装；3. TVM 安装；4. AG 安装；5. BOM 安装；6. AQM 安装；7. 工作站安装；8. 电源接地系统安装	
	功能检查	1. 车站计算机系统（SC）；2. 自动售票机（TVM）；3. 半自动售票机（BOM）；4. 自动检票机（AG）；5. 自动查询机（AQM）；6. 接口功能	

2.2.4.6 乘客信息系统验收

乘客信息系统验收内容及验收标准如表 2.2.4.6 所示：

乘客信息系统验收内容　　　　　　　　　　　表 2.2.4.6

项目	分项	验收内容	验收标准
内业检查	质量控制资料核查	1. 图纸会审、设计变更、洽商记录；2. 原材料出厂合格证及进场检（试）验报告；3. 设备出厂合格证或试验报告；4. 竣工测试报告；5. 隐蔽工程验收记录；6. 施工现场质量管理检查记录；7. 分项、分部工程质量验收记录；8. 工程质量事故及事故调查处理资料；9. 新技术、新材料、新工艺施工记录	内容真实、准确，签字完整、有效
	安全和功能检查资料核查	1. 接地、绝缘电阻测试记录；2. 设备单机试运转记录；3. 中心子系统调试记录；4. 车站子系统调试记录；5. 网络子系统调试记录；6. 系统试运转调试记录	
外业检查	观感检查	1. 显示终端设备安装；2. 机房设备排列；3. 机房机柜安装；4. 电源设备与接地；5. 设备配线	各个子系统外观完好，组装良好，安装牢固，功能正常，符合设计文件或相关标准
	安装检查	1. 配电箱安装；2. 显示终端支架安装；3. LCD 显示器安装；4. LED 显示器安装；5. 查询机安装；6. 区间 AP 及天线安装；7. 房设备安装	
	功能检查	1. 控制中心子系统功能；2. 监视子系统功能；3. 版式编辑制作软件功能；4. 网络子系统功能；5. 车站（备用控制中心）子系统功能；6. 触摸查询机系统功能；7. 接口功能	

2.2.4.7　综合监控系统验收

综合监控系统验收内容及验收标准如表 2.2.4.7 所示：

综合监控系统验收内容

表 2.2.4.7

项目	分项	验收内容	验收标准
内业检查	质量控制资料核查	1. 图纸会审、设计变更、洽商记录；2. 原材料出厂合格证及进场检（试）验报告；3. 设备出厂合格证或试验报告；4. 隐蔽工程验收记录；5. 施工记录；6. 施工现场质量管理检查记录；7. 分项、分部工程质量验收记录；8. 工程质量事故及事故调查处理资料；9. 新技术、新材料、新工艺施工记录	内容真实、准确，签字完整、有效
	安全和功能检查资料核查	1. 光纤熔接测试记录；2. 与接口专业点对点测试记录	
外业检查	观感检查	1. 配电柜；2.UPS 蓄电池组；3. 网络机柜、服务器柜；4.IBP 盘；5. 槽道；6. 线缆	各个子系统外观完好，组装良好，安装牢固，功能正常，符合设计文件或相关标准
	安装检查	1. 配电柜；2.UPS 蓄电池组；3. 网络机柜、服务器柜；4.IBP 盘；5. 槽道；6. 线缆。	
	功能检查	1. 通用功能测试；2. 与 PSCADA 功能测试；3. 与 CCTV 功能测试；4. 与 PSD 功能测试；5. 与 FAS 功能测试；6. 与 TCC 功能测试；7. 与 PA 功能测试；8. 与 MLC 功能测试；9. 与 PIS 功能测试；10. 与 BAS 功能测试；11. 与 ACS 功能测试；12. 与 CLK 功能测试；13. 与 UPS 功能测试；14. 联动功能测试	

2.2.4.8　屏蔽门系统验收

屏蔽门系统验收内容及验收标准如表 2.2.4.8 所示：

屏蔽门系统验收内容

表 2.2.4.8

项目	分项	验收内容	验收标准
内业检查	质量控制资料核查	1. 图纸会审、设计变更、洽商记录；2. 原材料出厂合格证及进场检（试）验报告；3. 设备出厂合格证或试验报告；4. 施工试验报告（信号、IBP 盘、综合监控）；5. 隐蔽工程验收记录；6. 施工记录；7. 施工现场质量管理检查记录；8. 分项、分部工程质量验收记录；9. 工程质量事故及事故调查处理资料；10. 新技术、新材料、新工艺施工记录	内容真实、准确，签字完整、有效
	安全和功能检查资料核查	1. 安全门 5000 次现场设备运行试验记录；2. 设备单机试运转记录；3. 样机功能测试、百万次测试、EMC、结构检测报告；4. 绝缘测试记录（站台绝缘带、安全门本体）	
外业检查	观感检查	1. 结构架；2. 门体；3. 顶箱；4. 电气设备及开关	各个子系统外观完好，组装良好，安装牢固，功能正常，符合设计文件或相关标准
	安装检查	1. 承重结构；2. 滑动门；3. 应急门、端门；4. 盖板	
	功能检查	1. 钥匙开滑动门功能；2. 障碍物探测功能；3. 系统控制；4.IBP 盘开门功能；5. 门状态监视功能；6. 电源系统；7. 就地控制 PSL 功能；8.LCB 开关们及隔离功能；9.DOI 功能；10. 应急门旁路功能；11. 安全回路；12. 等电位；13. 绝缘测试	

2.2.4.9 车辆段检修设备系统验收
车辆段检修设备系统验收内容及验收标准如表2.2.4.9所示：

车辆段检修设备系统验收内容 表2.2.4.9

项目	分项	验收内容	验收标准
内业检查	质量控制资料核查	1. 设备随机资料（合格证、维护保养说明书、操作手册、设备图册）；2. 原材料出厂合格证及进场检（试）验报告；3. 设备出厂合格证或试验报告；4. 工程质量事故及事故调查处理资料；5. 施工现场质量管理检查记录；6. 分项、分部工程质量验收记录表；7. 新技术、新材料、新工艺施工记录	内容真实、准确，签字完整、有效
	安全和功能检查资料核查	1. 轨道车试验记录；2. 洗车机清洗电客车试验记录；3. 不落轮试镟记录	
外业检查	观感检查	轨道车： 1. 整车外形尺寸；2. 车体及外表面检查；3. 油漆状况；4. 限界检查；5. 车钩检查；6. 仪表和指示灯；7. 通风；8. 刮雨器；9. 门窗。 洗车机： 1. 机械主体框架外观颜色；2. 刷毛颜色；3. 端刷龙门立柱；4. 侧刷立柱；5. 冲洗立柱；6. 电控柜；7. 电控柜表面喷漆。 不落轮： 1. 油漆和颜色；2. 标识；3. 钢立柱安装；4. 刷组安装；5. 喷嘴安装；6. 刷组挡水板安装；7. 刷组转向挡块	各个子系统外观完好，组装良好，安装牢固，功能正常，符合设计文件或相关标准
	安装检查	不落轮： 1. 不落轮镟床上钢轨与车辆轨道钢轨连接；2. 管道封堵；3. 不落轮镟床底座。 轨道车： 1. 高低音喇叭及电喇叭；2. 红色信号灯；3. 各安全吊架；4. 空调制冷、制暖；5. 手制动机检查；6. 空载动作试验；7. 450马力轨道车双机重联牵引一列电客车；8. 600马力轨道车双机重联牵引一列电客车；9. 400马力、两辆平板吊车及360马力轨道车进行编组牵引性能	
	功能检查	洗车机： 1. 端刷走行；2. 端刷摆动；3. 端刷升降；4. 端刷旋转；5. 端洗定位精度检测；6. 侧刷摆动；7. 侧刷旋转；8. 预冷及冲洗工位喷淋状况；9. 侧刷喷淋状态；10. 端刷喷淋状态；11. 冬季热交换出水温度；12. 电控动作；13. 报警及保护系统；14. 噪声检测；15. 信号灯显示状态；16. 紧急停车按钮动作。 不落轮： 1. 加工装夹功能；2. 测量循环功能；3. 仿形功能；4. 烟雾抽排功能；5. 排屑器功能；6. 碎屑器功能；7. 松夹工件功能	

2.2.4.10 乘客导向标识系统验收

乘客导向标识系统验收内容及验收标准如表 2.2.4.10 所示：

乘客导向标识系统验收内容   表 2.2.4.10

项目	分项	验收内容	验收标准
内业检查	质量控制资料核查	1. 图纸会审、设计变更、洽商记录；2. 原材料出厂合格证及进场检（试）验报告；3. 成品及半成品出厂合格证或试验报告；4. 隐蔽工程验收记录；5. 施工现场质量管理检查记录；6. 分项、分部工程质量验收记录；7. 工程质量事故及事故调查处理资料；8. 新技术、新材料、新工艺施工记录	内容真实、准确，签字完整、有效
	安全和功能检查资料核查	1. 电气绝缘电阻测试记录；2. 电气器具通电安全检查记录；3. 系统试运转调试记录	
外业检查	观感检查	1. 检查牌体外观结构及安装；2. 通电检查	各个子系统外观完好，组装良好，安装牢固，功能正常，符合设计文件或相关标准
	安装检查	1. 牌体支架安装；2. 吊挂式标识牌安装；3. 墙挂式标识牌安装；4. 落地式标识牌安装；5. 粘贴式标识牌安装；6. 牌体配线	
	功能检查	1. LED；2. LCD；3. 与电扶梯联动	

2.2.4.11 安检设备系统验收

安检设备系统验收内容及验收标准如表 2.2.4.11 所示：

安检设备系统验收内容   表 2.2.4.11

项目	分项	验收内容	验收标准
内业检查	质量控制资料核查	1. 图纸会审、设计变更、洽商记录；2. 物资进场报验资料（设备开箱检验记录、产品合格证、质量证明书、质检报告等）；3. 施工试验报告（X 光机、液检、炸探）；4. 施工记录；5. 施工现场质量管理检查记录；6. 分项、分部工程质量验收记录；7. 工程质量事故及事故调查处理资料；8. 新技术、新材料、新工艺施工记录	内容真实、准确，签字完整、有效
	安全和功能检查资料核查	1. 设备单机试运转记录；2. 检验报告	
外业检查	观感检查	1. 通道式 X 射线安全检查设备；2. 手持金属探测器；3. X 射线安检设备辅助设备；4. 防爆球、危险品存储罐；5. 防爆毯；6. 液体检查仪（台式、手持式）、便携式炸药探测仪	各个子系统外观完好，组装良好，安装牢固，功能正常，符合设计文件或相关标准
	安装检查	1. 通道式 X 射线安全检查设备；2. X 射线安检设备辅助设备、防爆设备、液体检查仪、便携式炸药探测仪	
	功能检查	1. 通道式 X 射线安全检查设备；2. 手持金属探测器；3. X 射线安检设备辅助设备；4. 防爆球；5. 危险品存储罐；6. 防爆毯；7. 液体检查仪（台式、手持式）；8. 便携式炸药探测仪	

2.2.4.12 轨道线路验收

轨道线路验收内容及验收标准如表 2.2.4.12 所示：

轨道线路验收内容 表 2.2.4.12

项目	分项	验收内容	验收标准
内业检查	质量控制资料核查	1. 图纸会审、设计变更、治商记录；2. 基标成果、基标复核记录；3. 原材料出厂合格证书及进场检（试）验报告；4. 施工试验报告及见证检测报告；5. 隐蔽工程验收记录；6. 施工记录；7. 预拌混凝土合格证；8. 分项、分部工程质量验收记录；9. 工程质量事故及事故调查处理资料；10. 新技术、新材料、新工艺施工记录	内容真实、准确，签字完整、有效
	安全和功能检查资料核查	1. 钢轨焊接型式检验记录；2. 钢轨焊接周期性生产性检验记录；3. 钢轨探伤检查记录；4. 线路锁定施工记录；5. 钢轨位移观测记录；6. 有砟力学参数测试记录；7. 轨道静态质量检查记录	
外业检查	观感检查	1. 有砟道床；2. 无砟道床；3. 轨枕；4. 钢轨；5. 道岔；6. 位移观测桩；7. 接触轨与防护罩；8. 线路、信号标志	各个子系统外观完好，组装良好，安装牢固，功能正常，符合设计文件或相关标准
	安装检查	1. 轨道几何尺寸；2. 道岔几何尺寸；3. 接触轨几何尺寸；4. 钢轨焊接接头	
	功能检查	通车试验（整体道床轨道线路验收合格后应进行通车试验，其运行速度：第一次为 15km/h，第二次为 25km/h，第三次为 45km/h，以后按设计速度运行，并在运行的头 3d 内复紧一次扣件螺栓）	

2.2.4.13 步行板验收

轨道线路验收内容及验收标准如表 2.2.4.13 所示：

轨道线路验收内容 表 2.2.4.13

项目	分项	验收内容	验收标准
内业检查	质量控制资料核查	1. 图纸会审、设计变更、治商记录；2. 原材料出厂合格证及进场检（试）验报告；3. 设备出厂合格证或试验报告；4. 工程质量事故及事故调查处理资料；5. 分项、分部工程质量验收记录；6. 施工测量记录；7. 施工现场质量管理检查记录；8. 施工记录	内容真实、准确，签字完整、有效
	安全和功能检查资料核查	定型化学锚栓拉拔试验记录	
外业检查	观感检查	1. 支架、步板；2. 扶手；3. 步梯	各个子系统外观完好，组装良好，安装牢固，功能正常，符合设计文件或相关标准
	安装检查	1. 支架、步板；2. 扶手；3. 步梯	

2.3　BIM 实施体系

由城市轨道交通的建设模式和建设各阶段的工作内容看出，城市轨道交通工程系统是一个复杂的系统，是技术、物质、组织、行为、信息的综合体，涉及参与方众多、专业多样、接口复杂，因此配套轨道交通数字化的实施也是需要进行系统性的规划。基于 BIM 在城市轨道交通工程规划阶段、设计阶段、施工阶段和验收阶段等建设全过程组织实施数字化建设，需通过建立模型创建、模型应用、模型交付等技术标准和管理体系，确保模型的创建、使用和管理及模型数据的传递和共享为工程建设服务。BIM 体系的构成要素包括目标体系、组织体系、模型创建、应用与管理体系、软件工具与平台体系及资源保障体系构成，如图 2.3 所示。

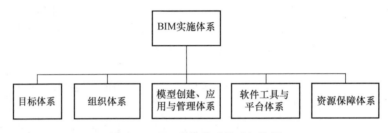

图 2.3　BIM 实施体系构成架构图

2.3.1　目标体系

基于城市轨道交通具有线路长、规模大、专业多、环境复杂、建设周期长、工期紧、运营管理要求高等特点，在城市轨道交通的全生命期应用 BIM，对工程进度、质量、安全、成本等全方位管理都具有重要意义。同时由于建设方、设计方、施工方、监理方等各参建方对 BIM 的需求差异性较大，在 BIM 具体实施过程中容易出现大而全的状态，导致 BIM 应用目标不清、落地困难、投资回报率低。本书中针对数字城市轨道交通项目的实施特点，制定了城市轨道交通工程 BIM 实施目标，以工程项目参与方不同需求为导向而进行设定，具体包括工程应用价值目标、不同参与方实现价值目标。

2.3.1.1　工程应用价值目标

1. 规划阶段

应用 BIM 技术对设计运营功能、工程规模、工程投资等进行分析，验证工程项目可行性、落实外部条件、稳定线路站位、优化设计方案等，保证设计方案的合理性、适用性和经济性。

2. 设计阶段

应用 BIM 技术对设计方案或重大技术问题的解决方案进行综合分析，协调设计接口，稳定主要外部条件，论证技术上的适用性、可靠性和经济上的合理性；应用 BIM 技术对设计方案进行综合模拟及检查，优化方案中的技术措施、工艺做法、用料等，在初步设计的基础上辅助编制可供施工和安装的设计文件。

3. 施工阶段

应用 BIM 技术对工程施工方案开展深化设计及虚拟建造，深入理解设计意图，分析工程重难点，全面优化施工组织设计。应用 BIM 技术创建虚拟现场，并构建虚拟现场与实体现场的交互关系。

4. 验收阶段

基于 BIM 实现数字化交付。

2.3.1.2 不同参与方实现价值目标

1. 政府监管部门

规划设计阶段需要通过 BIM 直观了解地铁沿线区域经济、人文、商业规划等情况，掌握投资策划与规划方案；施工阶段需要通过 BIM 直观了解施工进度情况、质量和安全状态、拆迁影响、环境控制、居民影响、商业开发等信息数据，便于进行决策。

2. 建设方

规划设计阶段需要通过 BIM 及时、直观了解设计方案、设计进度、地铁沿线区域经济、人文、商业规划情况，掌握沿线建设的交通导改、市政管线改迁、环境风险分布情况。施工阶段基于 BIM 进行数据集成，对各参与方提供的施工过程数据信息进行快速检索、调用、传输、分析和可视化表达。直观了解施工方案、施工进度、施工环境影响，掌控工程进度、质量、安全和投资状态。

3. 设计总体总包方

设计总包管理方：需要依托 BIM 进行设计的合同管理、计划管理、报建管理、信息管理及后勤服务管理。实现 BIM 信息的过程存储、调用、唯一性控制；实现不同专业、不同参与方的数据共享、任务流程化。

设计总体管理方：需要借助 BIM 手段辅助编制技术要求、组织方案论证、落实咨询审查意见；同时监督、管理各工点参与方的设计质量体系执行情况、落实质量管理流程，并需要依托 BIM 进行接口管理及系统功能平衡。

4. 设计方

在规划设计阶段，基于 BIM 对项目规划方案和投资策略进行模拟分析；进行包括节能、风环境、光环境、声环境、热环境、交通、抗震等在内的建筑性能分析；开展多专业间的数据共享和协同工作，实现各专业之间数据信息的无损传递和共享；进行各专业之间的碰撞检测、管线综合碰撞检测和预留洞口检查等，最大限度减少错、漏、碰、缺等设计质量通病，提高设计成果质量、设计协调效率和设计成果表达能力。

5. 施工方

利用 BIM 根据进行细化、完善施工方案，指导构件的生产和现场实施。对施工进度、人力、材料、设备、质量、安全、场地布置等信息进行动态管理，实现施工过程的可视化模拟和掌控。在施工过程中，对工程动态成本进行实时、精确的分析和计算，提高对项目成本和工程造价的管理能力。

6. 监理方

需要基于 BIM 跟踪施工全过程，利用 BIM 模型检查、追溯施工质量，进行质量虚拟验收和质量问题检查，控制施工进度，并通过精细化管理，进行有效的投资控制。

7. 第三方监测方与质量安全风险咨询方

需要全方位了解风险工程的信息，同时利用基于 BIM 的岩土工程模型、环境模型模拟地下工程施工过程以及对周边环境影响，对地下工程施工过程可能存在的危险源进行分析评估，制定风险防控措施，对施工安全风险进行动态管理。

2.3.2 组织体系

数字城市轨道交通本质意义在于信息集成与高效协同，结合城市轨道交通工程技术系统的复杂性和高集成度特性，在基于 BIM 的数字城市轨道交通实施体系的构成要素中，组织体系的建设至关重要，它由建设方主导，其他所有参建方协同工作模式组成，如图 2.3.2 所示。在此体系下，各方的工作内容如下：

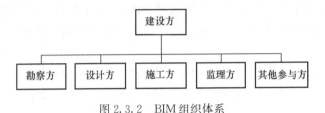

图 2.3.2 BIM 组织体系

2.3.2.1 建设方工作

建设方主要工作内容包括：

1. 明确工程建设各阶段 BIM 应用目标；

2. 建立组织架构和 BIM 应用管理体系；

3. 建立包含模型创建要求、各阶段模型创建内容和模型细度、各阶段模型应用与交付要求、模型与文件管理等的 BIM 技术标准；

4. 建设 BIM 数据集成与管理平台，满足各参建单位协同工作需求，辅助工程建设管理；

5. 根据 BIM 数据集成与管理平台运行的需求，建立配套的硬件和网络环境；

6. 在勘察、设计、施工、监理及设备采购等相关招标文件中，明确 BIM 工作内容和技术要求；

7. 制定 BIM 交付成果审核机制和激励措施，规范、督促和引导各参建单位的 BIM 应用工作；

8. 对各阶段、各参建单位的 BIM 交付成果进行审核、管理和归档；

9. 组织相关单位审核竣工验收模型与工程实体、竣工图纸的一致性，并向运营单位和政府主管部门移交竣工验收模型。

2.3.2.2 勘察方工作

勘察单位（含环境调查单位）主要工作内容包括：

1. 根据建设单位 BIM 技术标准要求创建地质模型和场地模型；

2. 利用模型检查、核实地质勘察和周边环境调查资料的可靠性、完整性；

3. 根据工程和企业自身需要，研究支持多种数据表达方式与信息传递的工程勘察数据库建设方法；研究便于提升地质模型和场地模型创建质量和效率的技术；建立基于 BIM 的地质勘察和周边环境调查的工作流程与工作模式，实现地质勘察和周边环境调查技术的升级。

2.3.2.3 设计方工作

设计单位主要工作内容包括：

1. 根据建设单位 BIM 技术标准要求创建设计模型;

2. 在工程可行性研究阶段、初步设计阶段和施工图设计阶段,开展优化设计方案、提高设计质量的 BIM 应用工作;

3. 根据工程和企业自身需要,研究建立基于 BIM 的协同设计工作模式;建设 BIM 数据集成与管理平台实现各专业设计信息的集成与共享;研究基于 BIM 的辅助设计工具,提高 BIM 应用工作效率;

4. 参与竣工验收模型与工程实体、竣工图纸的一致性审核工作。

2.3.2.4 施工方工作

施工单位主要工作内容包括:

1. 根据建设单位 BIM 技术标准要求,结合工程设计方案、施工工法与工艺及项目管理要求完善施工图设计模型,形成施工模型;

2. 利用施工模型完善施工方案、指导现场施工;

3. 建设 BIM 数据集成与管理平台对施工进度、质量、安全、成本等进行管理;

4. 按照建设单位 BIM 技术标准创建竣工验收模型;

5. 根据工程和企业自身需要,利用施工模型对工程成本进行实时、精确的分析和计算,提高对项目成本和工程造价的管理能力;综合应用数字监控、移动通信和物联网技术,实现施工现场即时通信与动态监管、施工时变结构及支撑体系安全分析、大型施工机械操作精度检测、复杂结构施工定位与精度分析、施工安全风险动态监控等智慧建造,提高施工精度、效率和安全保障水平。

2.3.2.5 监理方工作

监理单位主要工作内容包括:

1. 根据建设单位 BIM 技术标准要求,审核施工过程模型信息与施工现场的一致性;

2. 参与审核竣工验收模型与工程实体、竣工图纸的一致性;

3. 利用 BIM 数据集成与管理平台辅助施工监理工作。

2.3.2.6 其他参与方工作

设备供应单位应根据建设单位 BIM 技术标准要求,提供适用于日常管理的设备简化模型或适用于检修的设备精细化模型。

第三方监测单位、质量检测机构、风险咨询机构、材料供货商等参建单位,应按照建设单位 BIM 技术标准要求创建模型或提供信息。

2.3.3 模型创建、应用与管理体系

2.3.3.1 模型创建体系

城市轨道交通工程模型创建应满足各阶段应用目标,其内容以数据共享的管理需求为导向,进而确保最终交付,模型生产流程如图 2.3.3.1 所示。

1. 规划阶段

本阶段主要以数据信息采集为主,可创建包含场地、地质、线路、车站建筑等专业的方案设计模型。

2. 设计阶段

初步设计时,在方案设计模型基础上,通过增加或细化模型元素等方式创建初步设计

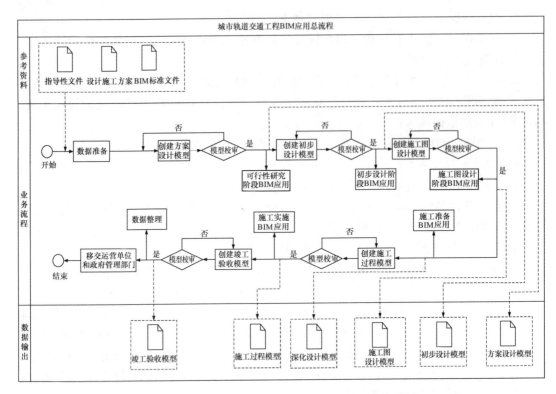

图 2.3.3.1　城市轨道交通工程 BIM 模型生产流程图

模型，模型范围重点为场地、地质、线路、车站建筑等，可根据实际需要扩大模型范围、提高模型深度。

　　施工图设计时，在初步设计模型基础上，通过增加或细化模型元素等方式创建施工图设计模型。建模范围包括场地、地质、车辆、限界、线路、轨道、路基、车站建筑、高架结构、地下结构、工程防水、通风空调及供暖、给排水、通信、信号、自动售检票系统、火灾自动报警系统、综合监控系统、环境与设备监控系统、乘客信息系统、门禁、运营控制中心、站内客运设备、站台门、车辆基地、防灾、环保等系统。可根据应用需要设定模型深度。

3. 施工阶段

　　在施工图设计模型基础上，通过增加或细化模型元素等方式创建深化设计模型和施工过程模型。深化设计模型宜包括土建、机电、装修等子模型，施工过程模型宜包括标准化管理、进度管理、质量管理、成本管理等子模型。

4. 验收阶段

　　在施工过程模型基础上，通过删除、增加或细化模型元素等方式创建竣工验收模型；模型细度应与工程实体和竣工图纸相符合，宜具备工程资料编码、设备编号、资产编码等信息，满足竣工资料归档和资产移交的需求。

　　2.3.3.2　模型应用体系

　　根据可行性研究、初步设计、施工图设计、施工及竣工交付等各阶段的 BIM 应用价值目标，城市轨道交通工程模型应用体系包含应用目的、应用内容、应用流程、交付成果四个方面，概述如下：

1. 规划阶段

以方案设计模型为基础，利用 GIS、大数据、云计算等技术对设计方案进行规划符合性分析、服务人口分析、景观效果分析、噪声影响分析、征地拆迁分析及地质适宜性分析等，选择最优设计方案，并以设计方案为依据进行相关区域的规划控制管理。

2. 设计阶段

利用初步设计模型对建筑设计方案、结构施工方案、专项风险工程、交通影响范围和疏解方案、管线影响范围和迁改方案进行可视化沟通、交流、讨论和决策。并利用模型开展设计进度和质量管理、限界优化设计、管线碰撞检查、三维管线综合、预留预埋检查及工程量统计等方面的应用，提高设计质量。

3. 施工阶段

结合施工工艺和现场情况，利用模型开展机电深化设计、装修深化设计、土建深化设计、大型设备运输路径检查、关键复杂节点工序模拟和工程筹划模拟等方面的应用，指导现场施工。并结合 GIS、物联网、移动互联等技术开展标准化管理、进度管理、安全风险管理、质量管理、重要部位和环节条件验收、成本管理等方面的应用，实现对工程项目的精细化管理。

4. 验收阶段

城市轨道交通工程竣工验收合格后，将各阶段验收形成的专项验收情况、设备系统联合调试数据、试运行数据等验收信息和资料附加或关联到模型中，形成竣工验收模型，分别向政府管理部门和运营单位移交。

2.3.3.3 模型管理体系

城市轨道交通模型管理体系主要是对 BIM 成果的管理。BIM 成果包括标准成果和项目成果，涵盖了技术标准、标准模型和项目实施过程中的项目模型、BIM 应用成果，如图 2.3.3.3 所示。

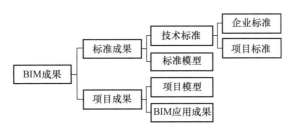

图 2.3.3.3 BIM 成果体系

1. 技术标准是服务于城市轨道交通建设方 BIM 实施体系的 BIM 技术规范。技术标准分为企业标准和项目标准。

企业标准：以服务城市轨道交通建设单位公司级 BIM 发展总体规划为核心，制定的成果管理标准、应用标准、构件库创建与管理标准等一系列通用性标准；

项目标准：针对具体项目的 BIM 应用目标、应用内容和组织模式，制定的管理方案、BIM 应用专项技术标准、成果交付要求等一系列标准文件。

2. 标准模型是按照城市轨道交通 BIM 技术标准建立并用于技术标准交底工作的模

型，项目实施过程中为各 BIM 实施单位提供参考。

3. 项目模型是 BIM 实施责任单位按照相关 BIM 技术标准，分阶段建立并按项目工点提交的模型。项目模型应分线路、分阶段、分工点进行管理。

4. BIM 应用成果是各 BIM 实施责任单位根据具体项目标准，开展各项 BIM 应用产生的一系列专项应用模型、视频、图片、三维图册等成果。BIM 应用成果分线路、分工点、分应用进行管理。

BIM 成果根据城市轨道交通工程建设阶段和专业划分进行分类管理。BIM 成果以电子文件形式存储和管理，其中标准、报告等纸质文件应同时满足法律法规要求和不同单位相关档案管理办法。

2.3.4　软件及平台工具体系

软件及平台工具体系主要包括用于模型创建和基本使用的软件和用于数据管理和应用的平台。

2.3.4.1　模型创建及使用软件

1. 概念

满足城市轨道交通工程的建筑信息模型创建和使用的软件，目前主要包括 Revit、CATIA、ArchiCAD、Aecosim Building Designer 等。

2. Autodesk 与 Revit

1）产品相对优势

Revit 从一开始就定位于建筑业，Autodesk 公司投入大量人力物力对 Revit 进行了功能拓展与性能优化，充分发挥了 Autodesk 公司擅长人机交互设计的优势，软件易懂易学。

软件从一开始就借鉴 PTC 公司的零件编辑器技术开发了族编辑器，使得不懂软件开发的建筑工程师可以根据需求制作构件，其强大的自定义能力建立了强大的适应能力，基本能够满足地铁车站建模各专业需求。

Autodesk 公司比较重视建筑业与中国市场，不仅是建筑业的专用功能开发投入最大的特征建模软件，也是唯一在软件产品本身进行了充分中国化定制的 BIM 建模软件，易于中国工程师学习掌握。软件功能最齐全，建筑、结构与机电各专业比较平衡。

2）产品相对劣势

在应用层次上，Revit 原本的目标客户是小型房建项目，软件的核心技术中未考虑地铁行业的需求，例如缺乏岩土方面的要素，难以处理地铁建设所需的土体的变形受力与位移等信息，又例如 Revit 只能基于空间直角坐标系处理空间信息，没有转换为大地坐标系的手段，难以满足地铁等大型线性工程需求。此外还有不能按在通风系统创建风道，不能按工程逻辑创建地铁的混合风室等。这导致 Revit 在地铁行业中的应用大多局限于管线综合与施工时空模拟等方面，其他应用往往流于形式，成为营销手段。而杂散电流等地铁行业的关键问题在 Revit 体系中完全没有可行的处理手段。

在应用生态上，国内没有基于 Revit 平台（或可以利用 Revit 模型中的信息）的地铁类分析计算软件，难以形成工程量计算、能耗分析等有效应用，模型的价值有限。

在建模逻辑上，Revit 仍然是一种构件几何尺寸驱动的建模软件，不能在线路设计阶段用平纵面几何位置驱动站点与区间的站位，限制模型的动态调整能力与数据关联性。而地铁行业的总体设计对工点设计与专项设计的约束与接口也是 Revit 技术体系无法处理的难题。

在软件技术层面上，Revit 系统模块化不足带来了很多问题，一方面软件中累积的低效代码太多，非常笨重，对内存与 CPU 的消耗大（即民间所说 Revit 软件非常吃资源）；另一方面也不容易吸收利用当代先进的软件技术，在很多关键模块上至今还在采用二十年前的软件技术。例如早在十年前多核 CPU 就已经成为主流技术，而 Revit 在很多地方还只能单线程计算，难以发挥新硬件技术的优势。因而很难用 Revit 进行施工图深度的全专业设计，最多只能进行全专业翻模（是因为设计模型中有大量的驱动信息，远比基于二维 CAD 所翻的模型复杂）。

3. CATIA

1）产品优势

CATIA 的产品系统非常完整而又强大，在计算机辅助设计、计算机辅助分析、计算机辅助制造与产品信息管理等方面都有成熟产品而且大多占据最高端位置，能够提供目前 PLM 所涉及的绝大多数技术。

CATIA 系列产品拥有强大的底层平台，组件化与模块化程度高，容易进行二次开发。而 CATIA 在制造业的庞大用户群中有大量二次开发人才，很容易招募人才进行建筑业应用的开发，拥有良好的产业生态。

因而在理论上，CATIA 及达索公司的 PLM 体系可以实践地铁 BIM 领域的绝大多数应用。

2）产品相对劣势

CATIA 是一个通用的制造业（含建筑业）的建模平台，并没有按建筑业的规则组织数据，缺少专门针对建筑业的应用组件，没有面向建筑业工程师的人机交互界面支持，软件难学难用，在建筑业工作效率低下。

同时，达索公司的分析计算软件虽然功能强大，但也尚未达到可以处理时空间效应的程度。岩土的是离散体还是连续体等最基本的理论争议也限制了达索体系软件这种基于算法的工具的有效性。

此外，软件的高价格与建模分析的高人工成本让 CATIA 在地铁行业的应用停留在科研与个别高大难项目上。

4. ArchiCAD

1）产品优势

ArchiCAD 是唯一一个纯粹建筑业基因的 BIM 建模软件，工作逻辑与建筑师的设计思路比较相近，基本符合建筑设计的流程，人机交互界面友好，对建筑师而言易学易用。

Graphisoft 公司十分注重与其他软件的协作，是 openBIM 的发起者之一，对 IFC 标准的支持力度较强。

2）产品相对劣势

ArchiCAD 的优势仅集中在房屋建筑工程的建筑专业设计，而地铁设计中没有立面设计，ArchiCAD 的很多功能在地铁领域并无用武之地。而 ArchiCAD 的机电以及施工应用基本上是略高于插件水平，面对以管理综合为主要应用的地铁 BIM 应用现状，难以发挥优势。

针对中国用户的定制极为不足，不仅没有按中国标准规范开发中国版本，连操作界面的中文化都还没有做好，其翻译水平相当于翻译软件，界面上很多中文词汇非常难以理解，多数工程师宁可使用英文界面。

ArchiCAD 在地铁行业的应用大多局限在车站建筑与结构建模上，但地铁领域的 IFC 还未开始研究，因而 ArchiCAD 无法借助 IFC 与机电等专业协同，这极大限制了 ArchiCAD 在地铁领域的应用推广。

5. Bentley 与 AecosimBuildingDesigner

1）产品优势

Bentley 的 MicroStation 虽然在 CAD 市场上与 AutoCAD 并称为低端产品代表，市场份额也明显不及 AutoCAD，但 MicroStation 很早就开始在特征建模技术上发力，其三维能力、参数化能力与特征建模能力远非 AutoCAD 可比。基于 MicroStation 平台开发的很多分析计算软件乃至于 GIS 软件都已相当成熟，良好的市场回报反过来推动了 MicroStation 的发展，目前 MicroStation 已经是个集成性、功能与性能都相当稳定的平台，这为 Aecosim Building Designer 奠定了良好的基础。

Aecosim Building Designer 与 MicroStation 之间的关系虽然与天正和 AutoCAD 的关系很接近，但由于 Aecosim Building Designer 与 MicroStation 是同一家公司开发的，相互之间非常透明，Aecosim Building Designer 相当充分地利用了 MicroStation 的各种功能，操作柔顺，不同版本间兼容性好，利于协作（不像 Revit 那样 2015 版本软件打不开 2017 版本文件，2017 版软件不能保存 2015 版文件，迫使设计团队先用同一版本的 Revit 软件，给设计管理带来很多障碍）。

Bentley 公司在建筑业的产品链比较齐全，各专业的能力也比较均衡，在基础设施领域与房屋建筑领域都有相应的产品，用户选择自由度较高。

2）产品相对劣势

Bentley 公司在建筑业的投入有限，Aecosim Building Designer 只是一个介于插件与独立软件之间的产品，软件内置的建筑业元素较少，在复杂项目上需要设计师自己制作很多构件，但 Aecosim Building Designer 的构件自定义能力较弱，导致设计师制作构件比较复杂，难以对构件行为进行定义。只有掌握软件开发技术而又有较强建筑专业知识的人才能真正比较高效的设计出图，软件使用门槛较高。

Aecosim Building Designer 软件也没有专门针对中国市场开发，不仅内嵌中国的设计标准很少，其中文版在很多细节界面上仍然是英文界面，不利于中国工程师学习掌握。

Bentley 公司虽然在线性工程（例如石油建设）、房屋建设领域以及建筑业 GIS 都方面有相应产品，但地铁建设并非简单的线性工程与房屋建设计的叠加，因而 Bentley 公司在地铁领域的能力距离用户期望尚有一定距离。

2.3.4.2　BIM 数据集成与管理平台软件

1. 概念

利用 GIS、物联网、移动互联、大数据、云计算和人工智能等技术，实现建设工程及设施全生命期内信息数据集成、传递、共享和应用的软件环境。

2. 基本条件

城市轨道交通工程宜建设 BIM 数据集成与管理平台，开展工程全生命期 BIM 应用，并为运营管理提供设施设备的基础数据。BIM 数据集成与管理平台应兼容主流数据格式，并提供转换方式和转换工具。

3. 平台作用

BIM 数据集成与管理平台主要解决问题包括：

1）实现工程建设各阶段 BIM 的可视化集成、动态更新和查询展示；

2）实现工程建设各参与方 BIM 应用过程中的数据传递、共享和协同工作；

3）满足工程建设各阶段 BIM 应用要求；

4）与运营管理系统进行对接。

4. 平台基本原则

BIM 数据集成与管理平台建设可参照下列原则：

1）完整性原则：系统建设需考虑功能完整性，应能满足城市轨道交通工程建设各阶段 BIM 应用所需的系统功能和技术条件；

2）先进性原则：系统在设计思想、系统架构、关键技术上采用国内外成熟的技术、方法、软件、硬件设备等，确保系统有一定的先进性、前瞻性、扩充性；

3）可靠性原则：须对数据的管理和使用设置系统权限，确保系统、数据的安全可靠，充分考虑分级联网及外网衔接中的应用操作与信息访问安全问题，系统设计采用有效的备份措施，能够在遇到灾难性破坏时进行数据恢复；

4）扩展性原则：系统建设采用积木式结构、组件化设计，整体架构要考虑系统建设的衔接，为后期功能扩展预留扩充条件，能够根据需要与企业已有、在建或拟建的相关系统进行有效集成。

5. 分层设计

BIM 数据集成与管理平台的系统架构应进行分层设计，各层的操作模块应相对独立。系统架构设计可参照图 2.3.4.2，并满足下列要求：

数据层：可按空间数据和业务数据进行分类存储，空间数据为模型的几何信息，业务数据为设计业务数据、施工业务数据、竣工验收业务数据、平台配置数据、成果文件等；

引擎层：利用引擎对数据层的数据进行计算、加工、分析和展示，为平台的数据服务提供基础支撑；

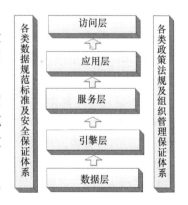

图 2.3.4.2 BIM 数据集成与管理平台系统架构简图

服务层：利用引擎实现平台中的数据管理、模型操作、空间分析、统计查询等基本功能后，对应用层提供相关服务接口；

应用层：按照需要调用服务接口，形成应用层的功能模块，满足各阶段 BIM 应用需求；

访问层：根据各阶段 BIM 应用需要，提供基于多种终端的访问形式。

6. 基本功能

BIM 数据集成与管理平台宜具备下列基本功能：

1）权限管理：支持对相关单位进行用户管理和权限管理；

2）数据存储：支持互联网云存储，支持图档资料的数字化归档，支持对项目信息、技术标准、公共资源和知识库等的存储和管理；

3）数据集成：对于不同软件创建的模型，能够使用开放或兼容的格式进行转换，支持与外部管理系统数据对接；

4）数据展示：支持对模型数据按照工作分解结构（WBS）展示，支持多种数据集成、大场景展示和在线浏览等，支持在线实时剖切、测量、标注等，支持模型构件的调用和编辑等，支持三维场景中信息批注、保存和调取等；

5）数据统计：支持对模型承载信息的分类统计，支持对统计分析结果的输出；

6）平台访问方式：支持多终端的展示及应用。

BIM 数据集成与管理平台应支持设计方案的技术经济指标分析和设计工作的过程管理，能够集成视频监控、门禁、施工安全风险监测、隐患排查、验工计价等的信息系统和前期工作管理、进度管理、质量管理等的管理数据，辅助工程设计和施工管理。

BIM 数据集成与管理平台应能集成视频监控、BAS、FAS、AFC 等的信息系统和利用物联网、移动互联等技术采集的通风空调与供暖、电扶梯等设施设备的运行状态数据，为运营管理阶段的资产管理、控制保护区管理、设施设备管理和应急管理等预留接口。

2.3.5　资源保障体系

数字城市轨道交通工程项目实施贯穿于城市轨道交通生产的各个环节，是在日常工作中的一种数字化过程和成果，是企业的生产对象。良好的资源保障则有利于企业对项目进行有效地掌握控制。对于数字城市轨道交通的建设和管理可以理解为，在一定的时间段内，通过科学管理，充分发挥人、材、机的有效功能，优质、高效完成数字化建设任务。因此，资源保障体系作为实施体系的重要构成因素之一，主要包括：人员条件、硬件网络和管理环境。

2.3.5.1　人员条件

基于 BIM 的数字城市轨道交通工程建设涉及工程技术、项目管理、模型建设、软件开发、数据管理等多方面专业知识，因此整个实施过程中需要进行多专业的人才梯队建设，包括：

1. 建模人员

用 BIM 建立三维模型，就是建模员，是最基础的 BIM 人才。随着 BIM 的发展，专业的建模人员逐渐来自设计人员和施工技术人员的转化。

2. BIM 应用人员

用 BIM 来演示三维方案，演示工程建设、漫游、碰撞检测、管线综合优化等，就是 BIM 工程师。伴随软件的逐渐成熟，BIM 应用人员也普遍由工程技术人员代替。

3. BIM 开发人员

围绕工程管理需求进行 BIM 的二次开发，软件开发，平台开发等，随着信息化技术的发展，BIM 开发人员的专业技术逐渐涉及 GIS、物联网、大数据等专业。

4. BIM 管理人员

用 BIM 来解决城市轨道交通工程设计、施工中的问题，并对企业或行业中不合理的或者可优化的流程、制度、标准等提出解决方案、方法或者是思路的人员，是 BIM 总监人才。伴随着数字地铁建设理念的深入，BIM 管理人员逐渐来自城市轨道交通建设管理人员的转化。

2.3.5.2 硬件网络

基于 BIM 的数字城市轨道交通工程建设和管理过程中需根据应用深度配套不同的硬件和网络资源，包括防火墙、核心交换机、路由器、系统服务器、UPS 供电系统、防入侵系统和专用网路等。

2.3.5.3 管理环境

数字城市轨道交通工程建设和管理中涉及城市轨道交通集团建设主管部门、项目主管部门、设计单位、施工单位和运营单位等多参与方，良好的管理环境是 BIM 实施效果的可靠保障。

管理环境分为外部环境和内部环境，外部环境一般有政府与 BIM 实有关的法律法规体系、工程实施环境、BIM 市场环境、技术发展环境等，内部环境有企业人力资源环境、物力资源环境、财力资源环境以及数字化理念文化环境等。

课 后 习 题

一、单项选择题

1.（　　）是指挖开地面，然后由上向下开挖土石方至设计标高后，自基底由下向上顺作施工完成隧道主体结构，最后回填基坑或恢复地面的施工方法。

A. 暗挖法 　　　　　　　　　　　　B. 明挖法

C. 盖挖法 　　　　　　　　　　　　D. 沉管法

2.（　　）施工充分利用围岩的自承能力和开挖面的空间约束作用，采用以锚杆和喷射混凝土为主要支护手段，及时对围岩进行加固，约束围岩的松弛和变形，并通过对围岩和支护结构的监控、测量来指导地下工程的设计与施工。

A. 矿山法 　　　　　　　　　　　　B. 浅埋暗挖法

C. 新奥法 　　　　　　　　　　　　D. 盾构法

3. TOD 模式是一种（　　）。

A. 投融资模式 　　　　　　　　　　B. 交通线网规划模式

C. 工程管理模式 　　　　　　　　　D. 项目总包管理模式

4. DB 模式是一种（　　）。

A. 投融资模式 　　　　　　　　　　B. 交通线网规划模式

C. 工程管理模式 　　　　　　　　　D. 项目总包管理模式

5. 城市轨道交通设备安装验收内业检查一般包括安全及功能检查资料核查和（　　）。

A. 质量控制资料核查 　　　　　　　B. 观感检查

C. 安装检查 　　　　　　　　　　　D. 功能检查

二、多项选择题

1. 盖挖法是由地面开挖至一定深度后将顶部封闭，其余的下部工程在封闭的顶盖下进行施工的施工方法。盖挖法可分为(　　)。

A. 盖挖顺作法

B. 盖挖半顺作法

C. 盖挖逆作法

D. 盖挖半逆作法

2. 设计单位主要工作内容包括(　　)。

A. 根据建设单位 BIM 技术标准要求创建设计模型

B. 在工程可行性研究阶段、初步设计阶段和施工图设计阶段,开展优化设计方案、提高设计质量的 BIM 应用工作

C. 根据工程和企业自身需要,研究建立基于 BIM 的协同设计工作模式;建设 BIM 数据集成与管理平台实现各专业设计信息的集成与共享;研究基于 BIM 的辅助设计工具,提高 BIM 应用工作效率

D. 参与竣工验收模型与工程实体、竣工图纸的一致性审核工作

3. 暗挖法包括(　　)。

A. 矿山法

B. 浅埋暗挖法

C. 新奥法

D. 盾构法

E. 掘进机法

F. 顶管法

4. 建设方的主要 BIM 工作内容包括(　　)。

A. 明确工程建设各阶段 BIM 应用目标

B. 建立组织架构和 BIM 应用管理体系

C. 建立包含模型创建要求、各阶段模型创建内容和模型细度、各阶段模型应用与交付要求、模型与文件管理等的 BIM 技术标准

D. 建设 BIM 数据集成与管理平台,满足各参建单位协同工作需求,辅助工程建设管理

E. 根据 BIM 数据集成与管理平台运行的需求,建立配套的硬件和网络环境

F. 在勘察、设计、施工、监理及设备采购等相关招标文件中,明确 BIM 工作内容和技术要求

5. BIM 实施体系的构成要素由(　　)构成。

A. 目标体系

B. 组织体系

C. 模型创建

D. 应用与管理体系

E. 软件工具与平台体系

F. 资源保障体系

参考答案

一、单项选择题

1. B　2. C　3. B　4. C　5. A

二、多项选择题

1. ACD　2. ABCD　3. ABCDEF　4. ABCDEF　5. ABCDEF

第3章 城市轨道交通构成与 BIM 表达

本章导读

城市轨道交通构成涉及系统中的各个部分，大到车辆线路，小到灭火器清洁设施，都是城市轨道交通系统中不可或缺的部分。构件组成的逻辑关系与建设管理需求和移交方式密切相关，因此将 BIM 有机地融入城市轨道交通系统的组成中，恰当地进行分类和表达是更好地进行建设管理和竣工交付 BIM 应用的重要工作内容。

本章依据竣工交付后资产管理的需求对城市轨道交通构成进行具体划分，并分门别类介绍如何用 BIM 进行建模表达和数据集成与管理。

3.1 基于 BIM 的城市轨道交通专业构成

根据竣工交付后资产管理的需要，城市轨道交通构成划分为土建、线路、车辆、通风空调与取暖、给排水及消防系统、供电、通信、信号、电梯与自动扶梯、自动售检票、乘客信息系统、火灾自动报警（FAS）、环境与设备监控（BAS）、站台门系统、路网中心、通用设备、测量设备、综合监控系统、人防科技、多种经营设施设备、办公及生活类设施设备共 21 个大类[16]。

3.2 各专业构成及 BIM 表达

3.2.1 土建

3.2.1.1 专业介绍

土建既包括工程建造过程中的勘测、设计、施工、养护、管理等各项技术活动，又包括建造过程中所耗的材料、设备与物品。

土建大类下分土地、隧道、桥涵、过渡线、区间设施、车站建筑、车辆段与综合基地建筑、房屋建筑、道路、站场配套设施、线路配套设施、路基、沟/槽、桥梁防撞架、防雷接地、管道及其他共 17 个小类。

3.2.1.2 BIM 建模与表达

土建专业 BIM 建模及所包含的几何信息及非几何信息如表 3.2.1.2 所示，模型示意如图 3.2.1.2-1 和图 3.2.1.2-2 所示。

土建 BIM 建模与表达   表 3.2.1.2

BIM 建模方法 （以 Revit 建模软件为例）	几何信息 （以房屋建筑为例）	非几何信息 （以车站建筑为例）
利用"建筑/结构"菜单栏里，"墙、梁、板、柱"命令绘制 	1. 主要建筑构件的几何尺寸、定位信息，如非承重墙、柱、地板、楼板、门、窗、屋顶、人行楼梯、诱导缝、变形墙等； 2. 次要建筑构件的几何尺寸、定位信息，如重要设备机座、夹层、阳台、排水沟、坡道等； 3. 主要建筑设备和固定家具的几何尺寸、定位信息，如栏杆、扶手等； 4. 次要建筑设备和固定家具的几何尺寸、定位信息，如水池、卫浴设备、水龙头等	1. 项目信息：轨道交通工程的建设规模、设备容量以及预测的远期客流量和列车通过能力；建筑主要人防指标如防火类别与等级和防水防潮等级等；项目规划信息等； 2. 建筑空间信息：功能区划分如车站的站厅、站台、出入口通道等；防灾设计如参数指标、防灾等级、设备选型等；节能设计如空间耗能、材料选型、构造设计等；无障碍设计如指标要求、设施构造等； 3. 建筑设施设备信息：技术参数如物理性能、材质、防火等级等；工艺信息如工艺要求、施工组织、安装要求等；工作参数如温度、湿度、超高、变形等；设备关联信息如上下游关联设备等；采购信息如工程量统计、采购数量和价格等； 4. 其他相关信息：供应信息如生产厂商、供应商、产地等；建设信息如建设单位、施工单位、安装单位等；保修信息如施工时间、移交时间、使用寿命、保修期等；权属管理信息如资产权属单位、使用部门等

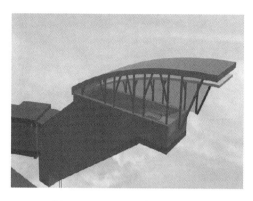

图 3.2.1.2-1　土建 BIM 模型

图 3.2.1.2-2　土建现场照片

3.2.2　线路

3.2.2.1　专业介绍

线路是城市轨道交通车辆运行的基础。线路是由路基、桥隧建筑物（桥梁、涵洞、隧道等）和轨道（主要包括钢轨、联结零件、轨枕、道床、道岔等）组成的一个整体的工程结构。

线路大类下分轨道、接触轨系统、感应板、线路监测设备、线路养护设备、专用轨道车辆及其他共 7 个小类。

3.2.2.2　BIM 建模与表达

线路专业 BIM 建模及所包含的几何信息及非几何信息如表 3.2.2.2 所示，模型示意如图 3.2.2.2-1 和图 3.2.2.2-2 所示。

线路 BIM 建模与表达 表 3.2.2.2

BIM 建模方法 （以 Revit 建模软件为例）	几何信息 （以轨道为例）	非几何信息 （以轨道为例）
采用外建族形式自行绘制后载入进项目中	1. 轨道外观形状的几何尺寸、定位信息，如钢轨、路基、路肩、护坡等； 2. 轨道设施的主要部件、配件的几何尺寸、定位信息，如道岔、扣件、轨枕、道床、挡车器等； 3. 轨道次要设备的几何尺寸、定位信息，如钢轨涂油器、线路标致标识、防脱护轨、轨距拉杆、防爬设备等	1. 基础信息：工艺要求、构造要求、材料选择等； 2. 参数信息：类别/型号、物理性能、材质等； 3. 采购信息：工程量统计、采购数量和价格等； 4. 供应信息：生产厂商、供应商、出产编号、产地等； 5. 建设信息：设计单位、施工单位、安装单位、建设单位等； 6. 保修信息：施工（安装）时间、移交时间、使用寿命、保修期、维修周期等； 7. 权属管理信息：资产权属单位、使用部门等

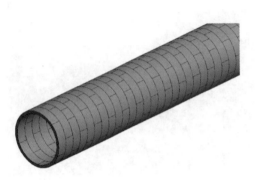

图 3.2.2.2-1　区间管片 BIM 模型

图 3.2.2.2-2　区间现场照片

3.2.3　车辆

3.2.3.1　专业介绍

车辆是城市轨道交通的重要组成部分，也是技术含量最高的机电设备。车辆应确保在寿命周期内正常运行时的行车安全和人身安全；同时应具备故障、事故和灾难情况下对人员和车辆救助的条件。

车辆大类下分电动客车、列车乘客信息显示系统、磁悬浮列车、现代有轨电车、专用轨道车辆、车辆检修系统、车辆检测系统、车辆清洗系统、车辆试验系统、车辆救援系统、系统及其他共 12 个小类。

3.2.3.2　BIM 建模与表达

车辆专业 BIM 建模及所包含的几何信息及非几何信息如表 3.2.3.2 所示，模型示意如图 3.2.3.2-1 和图 3.2.3.2-2 所示。

车辆 BIM 建模与表达　　　　　　　　　　　　表 3.2.3.2

BIM 建模方法 （以 Revit 建模软件为例）	几何信息 （以列车为例）	非几何信息 （以车辆检测系统为例）
1. 可采用外建族形式自行绘制后载入进项目中； 2. 利用"插入→载入族"命令，直接将 Revit 软件自带的系统族载入项目中	1. 车门子系统的几何尺寸、定位信息，如司机室通道门、司机室侧门、客室车门等； 2. 列车制动及风源子系统的几何尺寸、定位信息，如风缸、制动控制单元、空压机、制动微机控制单元等； 3. 列车监控系统的几何尺寸、定位信息，如含 ATC 系统主机、车载信号显示屏、TWC 天线、车载无线通信主机、车载无线通信操作终端等； 4. 列车电气子系统的几何尺寸、定位信息，如微机控制柜、低压控制柜、电气控制柜、司机操作台、司机控制器、火灾报警主机等； 5. 其他子系统的几何尺寸及定位信息	1. 基础信息：工艺要求、设备配置、工作环境等； 2. 参数信息：类别/型号、灵敏度、材质、检测精度等； 3. 采购信息：采购数量和价格等； 4. 供应信息：生产厂商、供应商、出产编号、产地等； 5. 建设信息：设计单位、施工单位、安装单位、建设单位等； 6. 保修信息：施工（安装）时间、移交时间、使用寿命、保修期、维修周期等； 7. 权属管理信息：资产权属单位、使用部门等

图 3.2.3.2-1 车辆 BIM 图

图 3.2.3.2-2 车辆现场照片

3.2.4 通风、空调与供暖

3.2.4.1 专业介绍

通风、空调与供暖是城市轨道交通系统不可缺少的基础设施。通风、空调与供暖系统应具有功能如下：当列车在正常运行时，应保证车辆内部空气环境在规定标准范围内；当列车阻塞在区间隧道内时，应保证对阻塞区间进行有效通风；当列车在区间隧道发生火灾事故时，应具备排烟、通风功能；当列车内发生火灾事故时，应具备排烟、通风功能。

通风、空调与供暖大类下分通风空调系统、空调水系统、采暖系统、空调检修设备及其他共 5 个小类。

3.2.4.2 BIM 建模与表达

通风、空调与供暖专业 BIM 建模及所包含的几何信息及非几何信息如表 3.2.4.2 所示，模型示意如图 3.2.4.2-1 和图 3.2.4.2-2 所示。

通风、空调与供暖 BIM 建模与表达 表 3.2.4.2

BIM 建模方法 （以 Revit 建模软件为例）	几何信息 （以空调水系统为例）	非几何信息 （以采暖系统为例）
利用"系统"菜单栏内"HAVC"模块中相关命令绘制	1. 主要设备的几何尺寸、定位信息，如空调机组、冷却塔、冷冻设备、冷水机组、热泵机组、冷却泵、冷冻泵、分体式空调等； 2. 次要设备的几何尺寸、定位信息，如分水器、集水器、除垢仪等； 3. 主要管道的几何尺寸、定位信息； 4. 次要管道的几何尺寸、定位信息； 5. 管道附件的几何尺寸、定位信息，如传感器、温度计、压力表、水阀、过滤器等； 6. 风口的几何尺寸、定位信息，如送风口、排风口等	1. 基础信息：系统控制、监控信息、系统详细配置信息等； 2. 参数信息：温湿度控制、气流组织、使用范围等； 3. 采购信息：系统主要设备、组件统计信息、采购数量和价格等； 4. 供应信息：生产厂商、供应商、出产编号、产地等； 5. 建设信息：设计单位、施工单位、安装单位、建设单位等； 6. 保修信息：施工（安装）时间、移交时间、使用寿命、保修期、维修周期等； 7. 权属管理信息：资产权属单位、使用部门等； 8. 工艺信息：安装要求、施工组织等； 9. 关联信息：上下游关联系统、设备等

73

图 3.2.4.2-1　风管 BIM 模型　　　　　图 3.2.4.2-2　现场风管照片

3.2.5　给排水与消防

3.2.5.1　专业介绍

给排水与消防是城市轨道交通系统不可缺少的基础设施。给排水消防系统设计应满足生产、生活和消防用水对水量、水压和水质的要求，并坚持综合利用、节约用水的原则。

给排水与消防大类下分给排水系统、消防系统、检修设备及其他共 4 个小类。

3.2.5.2　BIM 建模与表达

给水排水与消防专业 BIM 建模及所包含的几何信息及非几何信息如表 3.2.5.2 所示，模型示意如图 3.2.5.2-1～图 3.2.5.2-4 所示。

给排水与消防 BIM 建模与表达　　　　　　　表 3.2.5.2

BIM 建模方法 （以 Revit 建模软件为例）	几何信息 （以消防系统为例）	非几何信息 （以消防系统为例）
利用"系统"菜单栏内"卫浴和管道"模块中相关命令绘制	1. 主要设备的几何尺寸、定位信息，如消防泵、稳压泵、补水泵、压力储气罐、喷淋泵、气体钢瓶、消火栓箱、消火栓、灭火器等； 2. 次要设备的几何尺寸、定位信息，如过滤器、水喷头、减压装置等； 3. 主要管道的几何尺寸、定位信息； 4. 次要管道的几何尺寸、定位信息； 5. 管道装置及附属设备的几何尺寸、定位信息，如闸阀、湿式报警阀、压力开关、消防水表、消防接合器等	1. 基础信息：系统控制、监控信息、系统详细配置信息等； 2. 参数信息：水压和水量等； 3. 采购信息：系统主要设备、组件统计信息等； 4. 供应信息：生产厂商、供应商、出产编号、产地等； 5. 建设信息：设计单位、施工单位、安装单位、建设单位等； 6. 保修信息：施工（安装）时间、移交时间、使用寿命、保修期、维修周期等； 7. 权属管理信息：资产权属单位、使用部门等； 8. 工艺信息：安装要求、施工组织等； 9. 关联信息：上下游关联系统、设备等

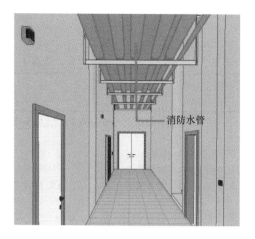

图 3.2.5.2-1 消防管道 BIM 模型

图 3.2.5.2-2 消防水管现场安装照片

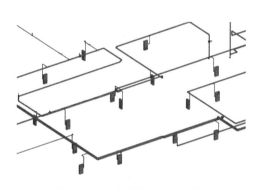

图 3.2.5.2-3 消火栓 BIM 模型

图 3.2.5.2-4 消火栓现场安装照片

3.2.6 供电

3.2.6.1 专业介绍

城市轨道交通供电系统不仅为城市轨道电动列车提供牵引用电，而且还为城市轨道交通运营服务的其他设施提供电能。供电系统应安全、可靠、节能、环保和经济适用，应根据城市轨道交通线网规划、城市电网现状及规划、城市规划进行设计，可采用集中式供电、分散式供电或混合式供电。

供电大类下分变电系统、低压配电系统、高压开关系统、直流开关系统、低压供电系统、低压控制与表示子系统、电气线路系统、供电测试系统、电力自动化系统、再生制动、杂散电流、接触网、电能管理质量子系统、新能源及其他共 15 个小类。

3.2.6.2　BIM 建模与表达

供电专业 BIM 建模及所包含的几何信息及非几何信息如表 3.2.6.2 所示，模型示意如图 3.2.6.2-1 和图 3.2.6.2-2 所示。

供电 BIM 建模与表达　　　　　　　　表 3.2.6.2

BIM 建模方法 （以 Revit 建模软件为例）	几何信息 （以接触网为例）	非几何信息 （以电缆为例）
利用"系统"菜单栏内"电气"模块中相关命令绘制。绘制内容包括桥架、设备等	1. 主要设备的几何尺寸、定位信息，如接触线、接地系统、避雷系统、支柱及基础等； 2. 次要设备的几何尺寸、定位信息，如隔离开关、下锚装置、定位装置、支持装置、悬挂装置、分段绝缘器等； 3. 主要线缆、线管的几何尺寸、定位信息，如接触线等； 4. 次要线缆、线管的几何尺寸、定位信息，如承力索、馈线	1. 基础信息：施工组织、安装要求、电缆方式等； 2. 参数信息：规格型号（包含颜色信息）、材料构造、工作性能、用途说明等； 3. 设备关联信息：上下游关联设备、管道等； 4. 采购信息：管道、材料统计及采购等； 5. 供应信息：生产厂商、供应商、出产编号、产地等； 6. 建设信息：设计单位、施工单位、安装单位、建设单位等； 7. 保修信息：施工（安装）时间、移交时间、使用寿命、保修期、维修周期等； 8. 权属管理信息：资产权属单位、使用部门等

图 3.2.6.2-1　动照桥架 BIM 模型

图 3.2.6.2-2　动照桥架现场照片

3.2.7　通信

3.2.7.1　专业介绍

通信系统是城市轨道交通系统不可缺少的重要组成部分。通信系统应适应运输效率、保证行车安全、提高现代化管理水平和传递语音、数据、图像等各种信息的需要，并应做到系统可靠、功能合理、设备成熟、技术先进、经济实用。

通信大类下分专用通信电话系统、专用通信闭路电视监控系统、专用通信大屏幕系统、专用通信广播系统、专用通信时钟设备、专用通信无线通信系统、专用通信线路、专用通信传输系统、专用通信集中告警系统、专用通信系统电源设备、专用通信系统配线架、通信专用测试仪器仪表、专用通信非线路通信设备、专用通信关门提示铃、专用通信入洞报警、专用通信无障碍警示对讲、专用通信检修设备、专用通信附属设备、安防图像监控系统、政务通信系统-无线通信子系统、公安通信系统-电源子系统、公安通信系统-计算机网络子系统、公安通信系统-公安无线通信子系统、公安通信系统-公安电缆、通信培训中心设备、防雷接地及车地综合通信系统共 27 个小类。

3.2.7.2 BIM 建模与表达

通信专业 BIM 建模及所包含的几何信息及非几何信息如表 3.2.7.2 所示，模型示意如图 3.2.7.2-1 和图 3.2.7.2-2 所示。

通信 BIM 建模与表达 表 3.2.7.2

BIM 建模方法 （以 Revit 建模软件为例）	几何信息 （以通信为例）	非几何信息 （以专用通信电话系统为例）
利用"系统"菜单栏内"电气"模块中相关命令绘制	1. 主要设备的几何尺寸、定位信息，如传输设备、程控交换设备、图像监控设备、广播设备等； 2. 次要设备的几何尺寸、定位信息，如导乘设备、时间同步设备、通信电源设备等； 3. 主要光缆、电缆的几何尺寸、定位信息； 4. 次要光缆、电缆及线架的几何尺寸、定位信息	1. 基础信息：施工组织、安装要求、电缆方式等； 2. 参数信息：规格型号、频率、调度模块等； 3. 采购信息：材料统计及采购等； 4. 供应信息：生产厂商、供应商、出产编号、产地等； 5. 建设信息：设计单位、施工单位、安装单位、建设单位等； 6. 保修信息：施工（安装）时间、移交时间、使用寿命、保修期、维修周期等； 7. 权属管理信息：资产权属单位、使用部门等

图 3.2.7.2-1　通信时钟设备 BIM 模型

图 3.2.7.2-2　通信时钟设备照片

3.2.8　信号

3.2.8.1　专业介绍

信号系统作为行车指挥和列车运行的控制设备，在保证行车安全、提高通过能力、节能及改善运输人员的劳动条件等方面起着至关重要的作用。信号系统应满足轨道交通行车组织和运营管理的需要，应满足轨道交通运量、行车、不同列车编组和行车交路的运营要求。

信号大类下分中心设备、车载信号设备、轨旁设备、电缆/光缆、信号测试及检修设备、培训设备及其他共 7 个小类。

3.2.8.2　BIM 建模与表达

信号专业 BIM 建模及所包含的几何信息及非几何信息如表 3.2.8.2 所示，模型示意如图 3.2.8.2-1 和图 3.2.8.2-2 所示。

信号 BIM 建模与表达　　　　　　　表 3.2.8.2

BIM 建模方法 （以 Revit 建模软件为例）	几何信息 （以中心设备为例）	非几何信息 （以车载模拟台为例）
利用"系统"菜单栏内"电气"模块中相关命令绘制 	1. 主要设备的几何尺寸、定位信息，如中央设备服务器、中央设备工作站、网络设备、车站监控设备等； 2. 次要设备的几何尺寸、定位信息，如联锁与闭塞设备、电源屏、电源设备等； 3. 主要光缆、电缆的几何尺寸、定位信息； 4. 次要光缆、电缆及电缆槽、电缆支架、防护钢管的几何尺寸、定位信息	1. 基础信息：施工组织、安装要求、使用说明等； 2. 参数信息：电源模块、接口、输入输出模块、处理通道等； 3. 采购信息：材料统计及采购等； 4. 供应信息：生产厂商、供应商、出产编号、产地等； 5. 建设信息：设计单位、施工单位、安装单位、建设单位等； 6. 保修信息：施工（安装）时间、移交时间、使用寿命、保修期、维修周期等； 7. 权属管理信息：资产权属单位、使用部门等

图 3.2.8.2-1　信号灯 BIM 模型　　　　图 3.2.8.2-2　信号灯现场照片

3.2.9 电梯与自动扶梯

3.2.9.1 专业介绍

电梯与自动扶梯是车站不可缺少的组成部分，其中，自动扶梯及自动人行道应具备变频调速的节电功能，应接受环境与设备监控系统的监控，应配有防滑等措施。

电梯与自动扶梯大类下分自动扶梯、自动人行步道、直梯、升降系统、景观电梯、轮椅升降台、爬楼车及其他共 8 个小类。

3.2.9.2 BIM 建模与表达

电梯与自动扶梯 BIM 建模及所包含的几何信息及非几何信息如表 3.2.9.2 所示，模型示意如图 3.2.9.2-1 和图 3.2.9.2-2 所示。

电梯与自动扶梯 BIM 建模与表达　　　　　　　　　　表 3.2.9.2

BIM 建模方法 （以 Revit 建模软件为例）	几何信息 （以中心设备为例）	非几何信息 （以自动扶梯为例）
1. 可采用外建族形式自行绘制后载入进项目中； 2. 利用"插入→载入族"命令，直接将 Revit 软件自带的系统族载入项目中	1. 主要设备的几何尺寸、定位信息，如中央设备服务器、中央设备工作站、网络设备、车站监控设备等； 2. 次要设备的几何尺寸、定位信息，如联锁与闭塞设备、电源屏、电源设备等； 3. 主要光缆、电缆的几何尺寸、定位信息； 4. 次要光缆、电缆及电缆槽、电缆支架、防护钢管的几何尺寸、定位信息	1. 基础信息：施工组织、安装要求、使用说明等； 2. 参数信息：电机功率、传动比、减速比等； 3. 采购信息：材料统计及采购等； 4. 供应信息：生产厂商、供应商、出产编号、产地等； 5. 建设信息：设计单位、施工单位、安装单位、建设单位等； 6. 保修信息：施工（安装）时间、移交时间、使用寿命、保修期、维修周期等； 7. 权属管理信息：资产权属单位、使用部门等

图 3.2.9.2-1　电扶梯 BIM 模型

图 3.2.9.2-2　电扶梯现场安装照片

3.2.10 自动售检票

3.2.10.1 专业介绍

自动售检票系统是车站提高运营效率满足运量要求的必备组织。自动售检票系统应具有用户权限管理的功能，应实现与相关系统的接口，应能满足城市轨道交通各种运营模式的要求，应建立统一的密钥系统和车票制式标准，应满足线网运营和管理的需要等。

自动售检票大类下分（多）线路中心系统、线路数据汇聚中心、票务管理中心、车站计算机管理系统、车站终端设备、运营辅助设备、维修（培训）管理中心、小营实验室测试设备、测试系统、软件系统、线缆和配件及 AFC 备用箱共 12 个小类。

3.2.10.2 BIM 建模与表达

自动售检票 BIM 建模及所包含的几何信息及非几何信息如表 3.2.10.2 所示，模型示意如图 3.2.10.2-1 和图 3.2.10.2-2 所示。

自动售检票 BIM 建模与表达   表 3.2.10.2

BIM 建模方法 （以 Revit 建模软件为例）	几何信息 （以票务管理中心为例）	非几何信息 （以软件系统为例）
1. 可采用外建族形式自行绘制后载入进项目中；  2. 利用"插入→载入族"命令，直接将 Revit 软件自带的系统族载入项目中	1. 主要设备的几何尺寸、定位信息，如自动售票机、自动充资机、闸机等； 2. 次要设备的几何尺寸、定位信息，如网络交换设备、通信处理机、通信网络设备、配电箱、检票机、票亭等； 3. 主要线管的几何尺寸、定位信息； 4. 次要线管、线槽的几何尺寸、定位信息	1. 基础信息：施工组织、安装要求、使用说明等； 2. 参数信息：软件运行环境、硬件配置、操作系统等； 3. 采购信息：材料统计及采购等； 4. 供应信息：生产厂商、供应商、出产编号、产地等； 5. 建设信息：设计单位、施工单位、安装单位、建设单位等； 6. 保修信息：施工（安装）时间、移交时间、使用寿命、保修期、维修周期等； 7. 权属管理信息：资产权属单位、使用部门等

图 3.2.10.2-1 自动售票机 BIM 模型

图 3.2.10.2-2 自动售票机现场安装照片

3.2.11 乘客信息系统

3.2.11.1 专业介绍

乘客信息系统指的是依托多媒体网络技术，以计算机系统为核心，通过列车的显示终端，让乘客及时准确地了解列车运营信息和公共媒体信息的多媒体综合信息系统。乘客信息系统应具有乘客被动式多媒体导乘信息获取和主动式多媒体咨询、查询的服务功能。

乘客信息系统大类下分 PIS 控制中心子系统（含备用中心设备）、线路数据汇聚中心、车站子系统、网络子系统、检修设备、附属设备、应用软件、机柜、导向标识系统及其他共 10 个小类。

3.2.11.2 BIM 建模与表达

乘客信息专业 BIM 建模及所包含的几何信息及非几何信息如表 3.2.11.2 所示，模型示意如图 3.2.11.2-1 和图 3.2.11.2-2 所示。

乘客信息系统 BIM 建模与表达　　　　　表 3.2.11.2

BIM 建模方法 （以 Revit 建模软件为例）	几何信息 （以票务管理中心为例）	非几何信息 （以服务器为例）
1. 可采用外建族形式自行绘制后载入进项目中； 2. 利用"插入→载入族"命令，直接将 Revit 软件自带的系统族载入项目中	1. 主要设备的几何尺寸、定位信息，如自动售票机、自动充资机、闸机等； 2. 次要设备的几何尺寸、定位信息，如网络交换设备、通信处理机、通信网络设备、配电箱、检票机、票亭等； 3. 主要线管的几何尺寸、定位信息； 4. 次要线管、线槽的几何尺寸、定位信息	1. 基础信息：施工组织、安装要求、使用说明等； 2. 参数信息：内存、硬盘、处理器、系统总线等； 3. 采购信息：材料统计及采购等； 4. 供应信息：生产厂商、供应商、出产编号、产地等； 5. 建设信息：设计单位、施工单位、安装单位、建设单位等； 6. 保修信息：施工（安装）时间、移交时间、使用寿命、保修期、维修周期等； 7. 权属管理信息：资产权属单位、使用部门等

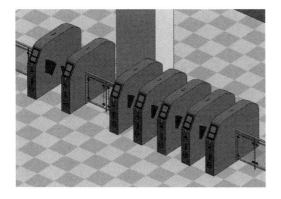

图 3.2.11.2-1　闸机 BIM 模型

图 3.2.11.2-2　闸机现场安装照片

3.2.12　火灾自动报警（FAS）

3.2.12.1　专业介绍

火灾自动报警是城市轨道交通系统应对火灾必不可少的组成部分。火灾自动报警系统应具备火灾的自动报警、手动报警、通信和网络信息报警等功能，并应实现火灾救灾设备的控制及与相关系统的联动控制。

火灾自动报警（FAS）大类下分车站级火灾自动报警系统、中心级火灾报警系统、线缆/线管及线槽、检修设备及其他共 5 个小类。

3.2.12.2　BIM 建模与表达

火灾自动报警专业 BIM 建模及所包含的几何信息及非几何信息如表 3.2.12.2 所示，模型示意如图 3.2.12.2-1 和图 3.2.12.2-2 所示。

火灾自动报警 BIM 建模与表达　　　　　　　　　　表 3.2.12.2

BIM 建模方法 （以 Revit 建模软件为例）	几何信息 （以火灾报警系统为例）	非几何信息 （以报警主机机柜为例）
利用"系统"菜单栏内"卫浴和管道"模块中相关命令绘制	1. 主要设备的几何尺寸、定位信息，如火灾报警控制器主机、模拟显示屏、消防报警控制箱等； 2. 次要设备的几何尺寸、定位信息，如报警器、气体钢瓶等； 3. 主要线缆的几何尺寸、定位信息； 4. 次要线缆及线管、线槽的几何尺寸、定位信息； 5. 附属设备（阀门、开关、传感器等）的几何尺寸、定位信息，如烟感探测器、温感探测器、电磁阀、喷头等	1. 基础信息：施工组织、安装要求、使用说明等； 2. 参数信息：中央处理芯片、网卡、热敏单元、通信模块等； 3. 采购信息：材料统计及采购等； 4. 供应信息：生产厂商、供应商、出产编号、产地等； 5. 建设信息：设计单位、施工单位、安装单位、建设单位等； 6. 保修信息：施工（安装）时间、移交时间、使用寿命、保修期、维修周期等； 7. 权属管理信息：资产权属单位、使用部门等

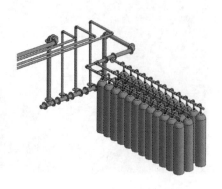

图 3.2.12.2-1　气瓶间 BIM 模型

图 3.2.12.2-2　气瓶间现场照片

3.2.13 环境与设备监控（BAS）

3.2.13.1 专业介绍

环境与设备监控是（BAS）系统采用分布式计算机系统，是由中央管理级、车站监控级、现场控制级监控设备及相关通信网络共同构成的实时监控系统。环境与设备监控系统应具备以下功能：车站及区间机电设备监控；执行防灾及阻塞模式；车站环境监测；车站环境和设备的管理；系统用能计量；设备节能运行管理与控制；系统维护。

环境与设备监控（BAS）大类下分环控系统、楼宇自控子系统、环保系统、检修设备及其他共 5 个小类。

3.2.13.2 BIM 建模与表达

环境与设备专业 BIM 建模及所包含的几何信息及非几何信息如表 3.2.12.2 所示，模型示意如图 3.2.13.2-1 和图 3.2.13.2-2 所示。

环境与设备监控 BIM 建模与表达　　　　　表 3.2.13.2

BIM 建模方法 （以 Revit 建模软件为例）	几何信息 （以监控为例）	非几何信息 （以 BAS 紧急启动设备为例）
利用"系统"菜单栏内"电气"模块中相关命令绘制	1. 主要设备的几何尺寸、定位信息，如图像监控设备、广播设备、导乘设备等； 2. 次要设备的几何尺寸、定位信息，如服务器、网络设备、大表示屏等； 3. 主要线缆的几何尺寸、定位信息； 4. 次要线缆及线管、线槽的几何尺寸、定位信息	1. 基础信息：施工组织、安装要求、使用说明等； 2. 参数信息：电源模块、CPU 模块、输入模块、通信模块、继电器等； 3. 采购信息：材料统计及采购等； 4. 供应信息：生产厂商、供应商、出产编号、产地等； 5. 建设信息：设计单位、施工单位、安装单位、建设单位等； 6. 保修信息：施工（安装）时间、移交时间、使用寿命、保修期、维修周期等； 7. 权属管理信息：资产权属单位、使用部门等

图 3.2.13.2-1 环控电控室 BIM 模型

图 3.2.13.2-2 环控电控室现场安装照片

3.2.14 站台门系统

3.2.14.1 专业介绍

站台门系统安装于地铁、轻轨等车站的站台边缘，将轨道与站台候车区隔离，并设置与列车门对应的活动门，列车到站后，乘客可通过与列车车门同步打开的活动门直接出入列车车厢，为候车乘客提供安全保障。

站台门系统大类下分站台门、监控设备、电源设备及检修设备共4个小类。

3.2.14.2 BIM建模与表达

站台门专业BIM建模及所包含的几何信息及非几何信息如表3.2.14.2所示，模型示意如图3.2.14.2-1和图3.2.14.2-2所示。

表 3.2.14.2

站台门系统 BIM 建模与表达

BIM建模方法 （以Revit建模软件为例）	几何信息 （以屏蔽门为例）	非几何信息 （以站台门为例）
1. 可采用外建族形式自行绘制后载入进项目中； 2. 利用"插入→载入族"命令，直接将Revit软件自带的系统族载入项目中	1. 主要设备的几何尺寸、定位信息，如主控制柜、监视器、固定门、滑动门、应急门、端门等； 2. 次要设备的几何尺寸、定位信息，如电源设备、探测器、报警装置等； 3. 主要电缆的几何尺寸、定位信息； 4. 次要电缆的几何尺寸、定位信息	1. 基础信息：施工组织、安装要求、使用说明等； 2. 参数信息：门体单元、门控单元、开/关门命令、门锁装置、防夹挡板、红外和激光设备等； 3. 采购信息：材料统计及采购等； 4. 供应信息：生产厂商、供应商、出产编号、产地等； 5. 建设信息：设计单位、施工单位、安装单位、建设单位等； 6. 保修信息：施工（安装）时间、移交时间、使用寿命、保修期、维修周期等； 7. 权属管理信息：资产权属单位、使用部门等

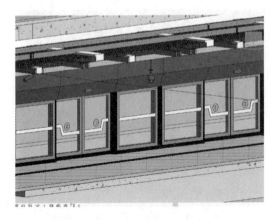

图 3.2.14.2-1 站台门 BIM 模型   图 3.2.14.2-2 站台门现场安装照片

3.2.15 路网中心

3.2.15.1 专业介绍

路网中心是线路运营的基础，承担轨道交通线网指挥、协调，自动售检票系统的清分、清算、运营调度以及线路的指挥控制工作，方便操作人员对地铁运营过程实施全面的集中监控和管理而设置。

路网中心大类下分通用信息设备、通信系统、票卡生产设备、检测设备、会议系统、显示系统、软件及其他共 8 个小类。

3.2.15.2 BIM 建模与表达

路网中心 BIM 建模及所包含的几何信息及非几何信息如表 3.2.15.2 所示，模型示意如图 3.2.15.2-1 和图 3.2.15.2-2 所示。

路网中心 BIM 建模与表达　　　　　　　　　　表 3.2.15.2

BIM 建模方法 （以 Revit 建模软件为例）	几何信息 （以通用信息设备为例）	非几何信息 （以检测设备为例）
1. 可采用外建族形式自行绘制后载入项目中； 2. 利用"插入→载入族"命令，直接将 Revit 软件自带的系统族载入项目中	1. 主要设备的几何尺寸、定位信息，如防火墙、防病毒网关设备、终端设备、工作站等； 2. 次要设备的几何尺寸、定位信息，如打印设备、调度台、POS 机等； 3. 主要电缆、光缆的几何尺寸、定位信息； 4. 次要电缆、光缆的几何尺寸、定位信息	1. 基础信息：施工组织、安装要求、使用说明等； 2. 参数信息：单体及系统检测平台测试、票卡生成辅助测试、车票发售模块测试、车票回收模块测试、闸机通行性能测试等； 3. 采购信息：材料统计及采购等； 4. 供应信息：生产厂商、供应商、出产编号、产地等； 5. 建设信息：设计单位、施工单位、安装单位、建设单位等； 6. 保修信息：施工（安装）时间、移交时间、使用寿命、保修期、维修周期等； 7. 权属管理信息：资产权属单位、使用部门等

图 3.2.15.2-1 路网
中心公务电话 BIM 模型

图 3.2.15.2-2 路网中心公务电话现场照片

3.2.16　通用设备

3.2.16.1　专业介绍

通用设备是用于城市轨道交通建设及运营的重要设备。通用设备大类下分金属切削设备、整形类设备、连接类设备、起重类设备、机动车设备、建筑机械设备、手动运输设备、清洁设备、工具及器具、压力设备、锅炉及附属设备、热处理设备、抢修子系统、除湿设备、污水处理设备、小型喷漆设备、小型除锈设备及其他共 18 个小类。

3.2.16.2　BIM 建模与表达

通用设备 BIM 建模及所包含的几何信息及非几何信息如表 3.2.16.2 所示，模型示意如图 3.2.16.2-1 和图 3.2.16.2-2 所示。

通用设备 BIM 建模与表达　　　　　　　　　　　　　　　表 3.2.16.2

BIM 建模方法 （以 Revit 建模软件为例）	几何信息 （以锅炉及附属设备为例）	非几何信息 （以起重机为例）
利用"系统"菜单栏内"机械设备"命令进行设备的添加与绘制 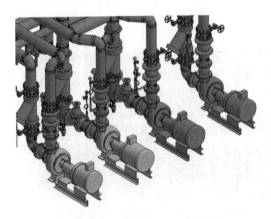	1. 主要设备的几何尺寸、定位信息，如锅炉、燃气锅炉、燃油锅炉、燃煤锅炉等； 2. 次要设备的几何尺寸、定位信息，如锅炉定压设备、软化水箱、蒸汽泵、循环泵、给水泵等	1. 基础信息：施工组织、安装要求、使用说明等； 2. 参数信息：吊具、起重机自重、起重量、总起重量、起升高度、下降深度、起升范围等； 3. 采购信息：材料统计及采购等； 4. 供应信息：生产厂商、供应商、出产编号、产地等； 5. 建设信息：设计单位、施工单位、安装单位、建设单位等； 6. 保修信息：施工（安装）时间、移交时间、使用寿命、保修期、维修周期等； 7. 权属管理信息：资产权属单位、使用部门等

图 3.2.16.2-1　循环泵 BIM 模型

图 3.2.16.2-2　循环泵现场安装图

3.2.17 测量设备

3.2.17.1 专业介绍

测量设备是用于城市轨道交通建设及运营的重要设备。测量设备大类下分电子测量仪器、电工仪器仪表、热学测量仪器仪表、力学测量仪器仪表、光学测量仪器仪表、几何量测量仪器仪表、声学测量仪器仪表、机械测量仪器仪表、速度测量仪器仪表、电磁学测量仪器仪表、场类仪表、校验类仪器仪表、化验用仪器仪表、化学测量仪表、医学设备、机械故障测量仪、材质分析仪器、线缆测量仪器仪表、专用测量仪器、全站仪及其他共 21 个小类。

3.2.17.2 BIM 建模与表达

测量设备 BIM 建模及所包含的几何信息及非几何信息如表 3.2.17.2 所示，模型示意如图 3.2.17.2-1 和图 3.2.17.2-2 所示。

测量设备 BIM 建模与表达　　　　　　　　　　　表 3.2.17.2

BIM 建模方法 （以 Revit 建模软件为例）	几何信息 （以电磁学测量仪器仪表为例）	非几何信息 （以电压测量仪表为例）
1. 可采用外建族形式自行绘制后载入进项目中； 2. 利用"插入→载入族"命令，直接将 Revit 软件自带的系统族载入项目中	1. 主要设备的几何尺寸、定位信息，如无线电综合测试仪、信号发生器与振荡器等； 2. 次要设备的几何尺寸、定位信息，如计数器等	1. 基础信息：施工组织、安装要求、使用说明等； 2. 参数信息：功率、额定电流、直流或交流等； 3. 采购信息：材料统计及采购等； 4. 供应信息：生产厂商、供应商、出产编号、产地等； 5. 建设信息：设计单位、施工单位、安装单位、建设单位等； 6. 保修信息：施工（安装）时间、移交时间、使用寿命、保修期、维修周期等； 7. 权属管理信息：资产权属单位、使用部门等

图 3.2.17.2-1 全站仪 BIM 模型

图 3.2.17.2-2 全站仪现场照片

3.2.18　综合监控系统

3.2.18.1　专业介绍

综合监控系统主要对机电设备进行实时集中监控功能以及进行各系统之间协调联动。综合监控系统具有以下主要基本功能：控制功能；监视功能；报警管理；趋势分析；报表生成；权限管理；系统组态；档案管理；系统维护和诊断。

根据 2018《北京轨道交通资产管理信息系统编码规范》，综合监控系统大类下分服务器、工作站、磁盘阵列、应急操作控制盘（IBP 盘）、前端处理器（FEP）、交换机、打印机、综合监控附属设备、软件、综合监控专业线缆、综合监控机柜、电源系统、维修设备及其他共 14 个小类。

3.2.18.2　BIM 建模与表达

综合监控系统 BIM 建模及所包含的几何信息及非几何信息如表 3.2.18.2 所示，模型示意如图 3.2.18.2-1 和图 3.2.18.2-2 所示。

综合监控系统 BIM 建模与表达　　　　　　　　表 3.2.18.2

BIM 建模方法 （以 Revit 建模软件为例）	几何信息 （以交换机为例）	非几何信息 （以工作站为例）
利用"系统"菜单栏内"电气"模块中相关命令绘制	1. 主要设备的几何尺寸、定位信息，如交换机主机、网关、防火墙等； 2. 次要设备的几何尺寸、定位信息，如路由器等	1. 基础信息：施工组织、安装要求、使用说明等； 2. 参数信息：软件、操作系统、显示器等； 3. 采购信息：材料统计及采购等； 4. 供应信息：生产厂商、供应商、出产编号、产地等； 5. 建设信息：设计单位、施工单位、安装单位、建设单位等； 6. 保修信息：施工（安装）时间、移交时间、使用寿命、保修期、维修周期等； 7. 权属管理信息：资产权属单位、使用部门等

图 3.2.18.2-1　综合设备监控室 BIM 模型

图 3.2.18.2-2　综合设备监控室照片

3.2.19 人防科技

3.2.19.1 专业介绍

人防科技是保障城市轨道交通中的人、车、环境安全的重要组成部分。人防科技大类可分为门禁控制系统、人防系统、安检系统、检修设备、技防设备及其他共 6 个小类。

3.2.19.2 BIM 建模与表达

人防科技 BIM 建模及所包含的几何信息及非几何信息如表 3.2.19.2 所示，模型示意如图 3.2.19.2-1 和图 3.2.19.2-2 所示。

人防科技 BIM 建模与表达 表 3.2.19.2

BIM 建模方法 （以 Revit 建模软件为例）	几何信息 （以技防设备为例）	非几何信息 （以安检设备为例）
1. 设备类可采用外建族形式自行绘制后载入进项目中， 或利用"插入→载入族"命令，直接将 Revit 软件自带的系统族载入项目中； 2. 桥架可用"系统"栏内"电缆桥架"命令绘制	1. 主要设备的几何尺寸、定位信息，如电视见识摄像设备、室外全天候防护罩、视频控制设备、监控中心设备等； 2. 次要设备的几何尺寸、定位信息，如技防设备支撑柱、视频线防雷保护器、供电电源线防雷保护器等； 3. 主要电缆、光缆的几何尺寸、定位信息； 4. 次要电缆、光缆的几何尺寸、定位信息	1. 基础信息：施工组织、安装要求、使用说明等； 2. 参数信息：液体检查仪、炸药探测器、金属检测门、安检附属设施装置等； 3. 采购信息：材料统计及采购等； 4. 供应信息：生产厂商、供应商、出产编号、产地等； 5. 建设信息：设计单位、施工单位、安装单位、建设单位等； 6. 保修信息：施工（安装）时间、移交时间、使用寿命、保修期、维修周期等； 7. 权属管理信息：资产权属单位、使用部门等

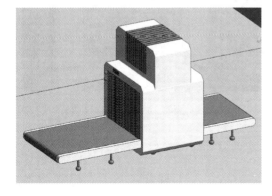

图 3.2.19.2-1 安检系统 BIM 模型

图 3.2.19.2-2 安检系统现场照片

3.2.20 多种经营设施设备

3.2.20.1 专业介绍

多种经营设施设备大类下分经营设施、经营设备及其他共 3 个小类。

3.2.20.2　BIM 建模与表达

经营设备 BIM 建模及所包含的几何信息及非几何信息如表 3.2.20.2 所示，模型示意如图 3.2.20.2-1 和图 3.2.20.2-2 所示。

多种经营设施设备 BIM 建模与表达　　　　　　表 3. 2. 20. 2

BIM 建模方法 （以 Revit 建模软件为例）	几何信息 （以经营设施设备为例）	非几何信息 （以商用通信系统为例）
1. 可采用外建族形式自行绘制后载入进项目中； 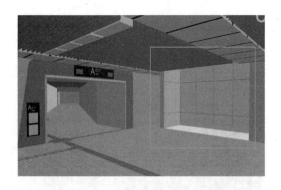 2. 利用"插入→载入族"命令，直接将 Revit 软件自带的系统族载入项目中	1. 主要设备的几何尺寸、定位信息，如经营设施、经营性用房等； 2. 次要设备的几何尺寸、定位信息，如刻录机、条形码扫描器等	1. 基础信息：施工组织、安装要求、使用说明等； 2. 参数信息：电源配电系统、传输系统、信号频率等； 3. 采购信息：材料统计及采购等； 4. 供应信息：生产厂商、供应商、出产编号、产地等； 5. 建设信息：设计单位、施工单位、安装单位、建设单位等； 6. 保修信息：施工（安装）时间、移交时间、使用寿命、保修期、维修周期等； 7. 权属管理信息：资产权属单位、使用部门等

图 3.2.20.2-1　经营用房 BIM 模型

图 3.2.20.2-2　经营用房现场照片

3.2.21　办公及生活类设施设备

3.2.21.1　专业介绍

多种经营设施是城市轨道交通日常运营不可缺少的部分。办公及生活类设施设备大类下分计算机、网络类设备、网络安全设备、影像类设备、办公影印设备、办公电器设备、办公家具、信息系统设备、培训设备、炊事设备、酒店类设备、医疗器械仪器及设备、生活福利文体设备、财务专用设备、视频会议系统及其他共 16 个小类。

3.2.21.2 BIM 建模与表达

办公及生活设施设备 BIM 建模及所包含的几何信息及非几何信息如表 3.2.21.2 所示，模型示意如图 3.2.21.2-1 和图 3.2.21.2-2 所示。

办公及生活类设施设备 BIM 建模与表达　　　　　　表 3.2.21.2

BIM 建模方法 （以 Revit 建模软件为例）	几何信息 （以影像类设备为例）	非几何信息 （以办公电器设备为例）
1. 可采用外建族形式自行绘制后载入进项目中； 2. 利用"插入→载入族"命令，直接将 Revit 软件自带的系统族载入项目中	1. 主要设备的几何尺寸、定位信息，如投影仪、照相机、摄像机等； 2. 次要设备的几何尺寸、定位信息，如三脚架等附属设备	1. 基础信息：施工组织、安装要求、使用说明等； 2. 参数信息：规格型号、工作性能、主要材料构造、功能说明、数据传输等； 3. 采购信息：材料统计及采购等； 4. 供应信息：生产厂商、供应商、出产编号、产地等； 5. 建设信息：设计单位、施工单位、安装单位、建设单位等； 6. 保修信息：施工（安装）时间、移交时间、使用寿命、保修期、维修周期等； 7. 权属管理信息：资产权属单位、使用部门等

图 3.2.21.2-1　办公设施 BIM 模型

图 3.2.21.2-2　办公设施现场照片

3.3 城市轨道交通 BIM 数据集成与管理

为实现城市建设工程及设施全生命期内 BIM 数据的集成、传递、共享和应用，需要综合利用 BIM、GIS、物联网、移动互联网、大数据、云计算和人工智能等技术，建设软件平台环境。在软件平台的实际建设和应用中，主要解决工程建设各参与方 BIM 应用过程中的数据传递、共享和协同工作问题；解决工程全线（网）建设各阶段 BIM 多元数据的可视化集成和动态更新问题；解决工程设计管理和施工进度、质量、安全、计量等管理问题；同时承担与运营管理系统进行衔接任务。由于城市轨道交通 BIM 数据量巨大，参与方众多、需要解决的问题分支较多，因此笔者建议整个平台在统一的框架下，以高内聚低耦合的原则分模块建设，主要建设 BIM 协同工作平台和 BIM 数据集成平台。

3.3.1　BIM 协同工作平台

3.3.1.1　建设目的

BIM 协同工作平台的建设目的是满足各参与方之间的沟通交流、任务协作以及工点 BIM 模型及应用成果的管理。

在 BIM 工作中，BIM 协同工作平台本质上解决以城市轨道交通工程项目为中心的跨组织、跨单位的数据协作问题；建立面向不同设计、施工及监理等单位的多项目架构；制定精细化权限，确保 BIM 信息的受控与共享；建立操作过程的留痕与存档，最终进行 BIM 模型的共享与线上剖切、浏览等基础编辑。

通过 BIM 协同工作平台，BIM 管理方可建设一套适合于轨道交通工程特点和需求的 BIM 工作流程和规范，实现整个项目 BIM 模型标准的一体化与规范化；可以保证城市轨道交通工程实施中的各种技术资料及信息得到有效管理，版本进行合理控制，达到 BIM 模型和图纸应用的有效性、唯一性、完整性、及时性；保证工点 BIM 模型方便、实时的浏览、查阅与审核。

3.3.1.2　平台主要功能

城市轨道交通工程 BIM 协同工作一般为基于 web 的协同工作模式，平台具体功能如表 3.3.1.2 所示：

BIM 协同工作平台功能

表 3.3.1.2

功能	子功能	备注
系统空间管理	项目空间	
	个人空间	
系统用户管理	用户基本信息	
	组织机构	
	角色权限设定	
简报功能	操作日志	
	动态公告	
	数据分析	
	信息推送	
文档管理	权限管理	
	上传下载功能	
	版本管理	
	文档浏览	Office 系列文档
	文档批注	
	文档收藏	
	文档搜索	
	文档分享	

功能	子功能	备注
任务管理	任务集	
	任务流转	
	任务分配	
	任务讨论	
	即时提醒	
	待办事项	
	任务状态	
	紧急程度	
业务应用	线上分享	
	BIM 信息集成	
	二三维联动浏览	模型、图纸联动浏览
	BIM 族库管理	
	BIM 模型审核	
	BIM 辅助设计	

3.3.2 BIM 数据集成平台

3.3.2.1 建设目的

BIM 数据集成平台的建设目的是建立基于 GIS 的城市轨道交通 BIM 全生命期数据集成平台，能够融合城市轨道交通线路的多源数字模型及相关数据，以三维可视化集成展示，进行浏览查看。具体目标如下：

1. 融合建设项目实施范围内的线路及其周边环境的一体化三维数字模型；

2. 建立轨道交通线路组成构件的数据结构标准，明确各种类型构件的属性构成及相关参数；

3. 支持多元数据集成，包括：工程自身、地形地貌、地质、周边环境等空间数据和静态属性数据、动态施工数据、图纸数据、文档数据、视频监控数据、实时监测数据等业务数据；

4. 支持多源模型数据的三维融合展示，能够对合并的模型数据进行检查，支持具有真实感的大场景动态调度；

5. 支持 PC 端、移动端、大屏等多终端互联网访问的模型漫游浏览；

6. 集成视频监控、实时监测等外部业务系统，消除信息孤岛，完成各个系统与平台数据的交换、共享及操作；

7. 实现三维可视化漫游浏览、属性查询，支持大数量的查询调度；

8. 提供业务访问接口，实现外部系统对模型数据的跨平台安全有效访问。

3.3.2.2 平台主要功能

1. 专业集成与导航

点击工点列表进行快速导航，以目录结构树的形式，展示线路、工点、专业系统的层次结构关系，同时三维视口自动切换至指定工点，加载展示工点的地上、地面、地下一体化三维场景。具体功能描述如表 3.3.2.2-1 所示。

工点导航功能列表 表 3.3.2.2-1

功能名称	功能介绍
工点加载定位	三维视口自动切换至指定工点，工点 BIM 模型数据进行动态渲染展示，查看地上环境、地形、地下工程（主体结构、附属设施、临时结构、机电设备各专业等）的集成 BIM 模型数据 
模型结构树	以结构树的形式，加载展示指定工点内的构件；点击节点，快速定位到指定构件，构件高亮显示并展示其属性信息

功能名称	功能介绍
模型显隐	控制指定构件的隐藏与显示，支持按专业、区域的方式控制多个构件的显隐，可以隐藏地面查看地下工程位置关系

2. 三维漫游

提供多种漫游模式（旋转、行走、选取等）满足不同应用场景的使用需求；同时，提供建筑/地面的透明以及构件隐藏快速操作；漫游过程中，可以将快速保存关注的视角，后续直接打开跳转。具体功能描述如表 3.3.2.2-2 所示。

三维漫游功能列表　　　　　　　　　　　　　　　　表 3.3.2.2-2

功能名称	功能介绍
漫游	支持飞行、自由、行走漫游模式，能够快速切换。滚动鼠标滚轮进行三维场景无级缩放、鼠标左键进行三维场景拖动、鼠标右键以当前鼠标点进行三维场景旋转，从而进行 360°任意角度浏览。

续表

功能名称	功能介绍
建筑/地面 半透	调整建筑/地面透明度，快速切换视野范围到建筑物内部任意位置或地铁下层任意位置及连接关系 
第一人称漫游	以第一人称视角，基于键盘操作模拟人在场景中漫游，帮助用户从室外到室内的无缝切换，并进行室内自由漫游 

功能名称	功能介绍
视角设定	在漫游过程中可以快速保存视点，双击预设视点进行三维场景定位展示、浏览，并可将视点场景导出为图片、视频 

3. 测量分析

提供空间距离测量、面积测量、面剖切、体剖切等基础功能。具体功能描述如表3.3.2.2-3所示。

测量分析功能列表　　　　　　　　　　　　　　　表 3.3.2.2-3

功能名称	功能介绍
空间测量	测量多点在水平方向、垂直方向、两点方向上距离 

功能名称	功能介绍
面剖切	在三维场景中选择剖切面，拉动剖切轴线，可实时生成剖切面，并可以保存剖切面，后续直接打开，便于车站位置关系展示 
体剖切	可以设置立体方，查看立方体的剖切面情况，便于指定区域内的空间分析，可直接保存各剖切面 
面积测量	在三维场景中选择多边形区域，快速量算区域的地表面积

功能名称	功能介绍
坐标提示	快速显示指定点位置坐标 

4. 可视化编辑

提供基于 BIM 数据集成平台的可视化编辑功能集合，结合具体工程使用，达到方案汇报的目的。具体功能描述如表 3.3.2.2-4 所示。

辅助汇报功能列表 表 3.3.2.2-4

功能名称	功能介绍
文字标注	在三维场景中关注的构件周围添加文字标注 

续表

功能名称	功能介绍
图形标注	在三维场景中添加云线、边框等图形标注，突出显示关注的构件 
视点管理	有序保存特定的视点，能够输出视频 
场景录制	可以保存视口、录制漫游过程，将录制的脚本保存到平台，直接在平台中打开，也可直接导出图片、视频进行演示汇报 

功能名称	功能介绍
关注点设置	在场景中快速标记多方关注的要点，进行准确定位，便于多方沟通 

5. 文档管理

对二维图纸、三维模型、设计报告/合同、施工日志、监理日志等相关文档进行管理，包括：文档与模型关联、文件检索、版本控制、协同编辑等功能。具体功能描述如表 3.3.2.2-5 所示。

文档管理功能列表　　　　　　　　　　　　　　　　表 3.3.2.2-5

功能名称	功能介绍
文档与模型关联	三维场景中选择构件，上传其相关构件/设备的图纸、报告、施工监理报告、设备采购信息（供应商信息、产品合格证、质保证明等）、送样检查报告等文档，实现文档模型关联 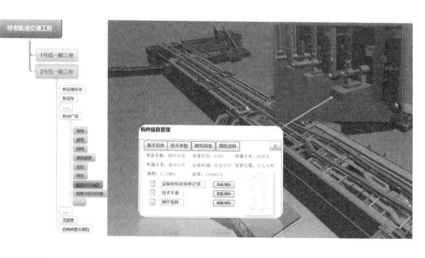

功能名称	功能介绍
文件检索	提供文件检索功能，用户可以根据国家规范编码方式的文件目录树结构和关键字搜索两种方式进行文件检索
在线浏览	对于 ＊.doc(＊.docx)、＊.xls(＊.xlsx)、＊.ppt(＊.pptx)、＊.pdf、＊.mp4 格式的文档资料可以直接打开浏览，对于 ＊.rar 等其他格式的文件需要下载后打开浏览
版本控制	为用户提供版本管理功能，用户可以通过文件检出、锁定、提交的方式对文件进行修改，实现一个文件多用户维护且不会发生冲突的目的，并且对每个文件成长的每步细节进行记录

6. 系统设置

提供平台的日常管理和维护功能，主要包含下面几个子模块：用户管理、应用信息管理、角色管理、权限管理、密钥管理、密码管理和日志管理。具体功能描述如表 3.3.2.2-6 所示。

系统设置功能列表　　　　　　　　　　　　表 3.3.2.2-6

功能名称	功能介绍
用户管理	平台用户的分配、删除、信息变更以及用户查询 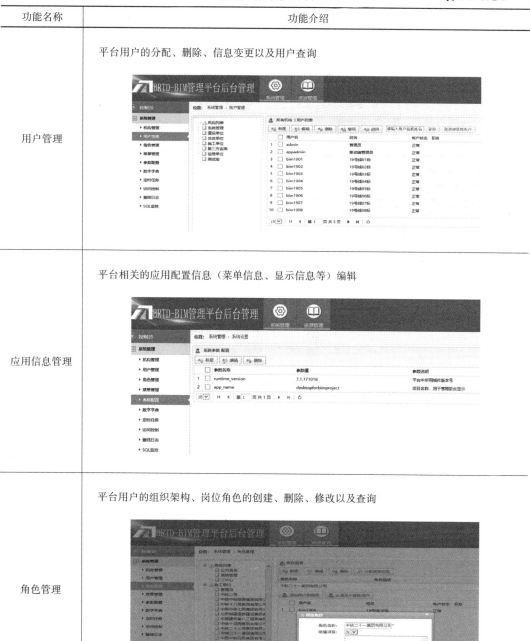
应用信息管理	平台相关的应用配置信息（菜单信息、显示信息等）编辑
角色管理	平台用户的组织架构、岗位角色的创建、删除、修改以及查询

续表

功能名称	功能介绍
权限管理	系统权限的分配、编辑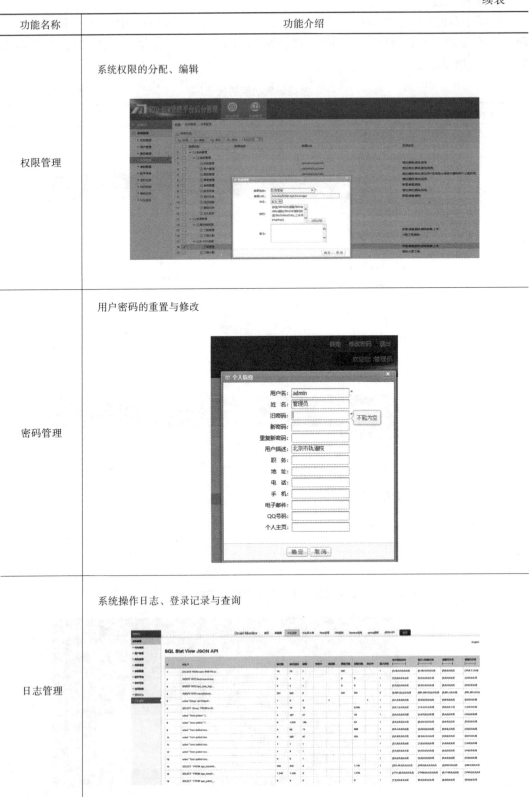
密码管理	用户密码的重置与修改
日志管理	系统操作日志、登录记录与查询

课 后 习 题

一、单项选择题

1. 根据《北京轨道交通资产管理信息系统编码规范（2018 版）》，（　　）大类下分土地、隧道、桥涵、过渡线、区间设施、车站建筑、车辆段与综合基地建筑、房屋建筑、道路、站场配套设施、线路配套设施、路基、沟/槽、桥梁防撞架、防雷接地、管道及其他共 17 个小类。

A. 线路
B. 土建
C. 车辆
D. 通风、空调与供暖

2. （　　）主要对机电设备进行实时集中监控功能以及进行各系统之间协调联动。

A. 综合监控系统
B. 人防科技
C. 通用设备
D. 站台门系统

3. （　　）作为行车指挥和列车运行的控制设备，在保证行车安全、提高通过能力、节能及改善运输人员的劳动条件等方面起着至关重要的作用。

A. 通信系统
B. 供电
C. 信号系统
D. 指挥系统

4. 包含金属切削设备、整形类设备、连接类设备、起重类设备、机动车设备、建筑机械设备、手动运输设备、清洁设备等设备的城市轨道交通运输专业大类是（　　）。

A. 多种经营设施设备
B. 测量设备
C. 办公及生活类设施设备
D. 通用设备

5. （　　）指的是依托多媒体网络技术，以计算机系统为核心，通过列车的显示终端，让乘客及时准确地了解列车运营信息和公共媒体信息的多媒体综合信息系统。

A. 乘客管理系统
B. 乘客信息系统
C. 车辆信息系统
D. 综合管理系统

二、多项选择题

1. BIM 数据集成平台的主要功能有（　　）。

A. 专业集成与导航
B. 三维漫游
C. 测量分析
D. 可视化编辑
E. 文档管理
F. 系统设置

2. 建设 BIM 数据集成平台的主要目的有（　　）。

A. 融合建设项目实施范围内的线路及其周边环境的一体化三维数字模型

B. 建立轨道交通线路组成构件的数据结构标准，明确各种类型构件的属性构成及相关参数

C. 支持多元数据集成，包括：工程自身、地形地貌、地质、周边环境等空间数据和静态属性数据、动态施工数据、图纸数据、文档数据、视频监控数据、实时监测数据等业务数据

D. 支持多源模型数据的三维融合展示，能够对合并的模型数据进行检查，支持具有真实感的大场景动态调度

E. 支持 PC 端、移动端、大屏等多终端互联网访问的模型漫游浏览

F. 集成视频监控、实时监测等外部业务系统，消除信息孤岛，完成各个系统与平台数据的交换、共享及操作

3. 利用 Revit 可实现测量的哪些功能？（　　　）

A. 直线测量　　　　　　　　　　　B. 高度测量

C. 水平测量　　　　　　　　　　　D. 投影面积

E. 坐标测量　　　　　　　　　　　F. 地表距离

G. 地表面积

4. 在 Revit 中，针对构建可进行（　　　）。

A. 构建复制　　　　　　　　　　　B. 构建移动

C. 构建缩放　　　　　　　　　　　D. 构建旋转

5. 城市轨道交通各专业的非几何信息一般包括（　　　）。

A. 基础信息　　　　　　　　　　　B. 参数信息

C. 采购信息　　　　　　　　　　　D. 供应信息

E. 建设信息　　　　　　　　　　　F. 保修信息

G. 权属管理信息

参考答案

一、单项选择题

1. B　　2. A　　3. C　　4. D　　5. B

二、多项选择题

1. ABCDEF　　2. ABCDEF　　3. ABCDEFG　　4. ABCD　　5. ABCDEFG

第4章 各阶段 BIM 应用

本章导读

　　城市轨道交通工程 BIM 应用伴随着应用目的、应用主体和技术条件的不同差异较大。在建设数字轨道的建设目标下 BIM 应在工程可行性研究、初步设计、施工图设计、施工等项目阶段全生命期应用，并实现工程的数字化交付。各参建单位应根据各自工作范围和应用目标建立模型、开展应用，并对应用成果的真实性和有效性负责。

　　本章主要介绍了在不同阶段的 BIM 的应用目标、应用内容、应用方法以及各应用点的经验总结。

4.1　规划阶段

4.1.1　BIM 应用管理目标

基于 BIM 采集对设计运营功能、工程规模、工程投资等进行分析的数据，提供验证工程项目可行性、落实外部条件、稳定线路站位、优化设计方案的 BIM 手段，从而进行规划符合性分析、服务人口分析、景观效果分析、噪声影响分析、征地拆迁分析及地质适宜性分析等，最后形成方案设计模型和应用数据。

4.1.2　BIM 应用内容和方法

根据当前城市轨道交通工程设计特点，可行性研究阶段的 BIM 应用的重点是结合 GIS、无人机等对城市数据进行收集，同时借助 BIM 数据集成平台进行分析和展示。

可行性研究阶段的 BIM 方案模型和应用效果如表 4.1.2 所示。

保障平台运行的硬件环境

表 4.1.2

应用条目	应用内容	应用手段	交付成果
规划符合性分析	集成城市轨道交通线网/方案设计模型，分析城市轨道交通工程与周边环境建（构）筑物的位置关系、交通接驳关系、车站换乘关系、商业一体化开发关系等，实现城市轨道交通工程设计与城市规划协同	BIM 数据集成平台	方案设计模型
服务人口分析	集成城市轨道交通线网/方案设计模型，并通过接入城市人口分布信息库获取人口的年龄、性别、职业等信息，快速统计车站周边指定范围内建筑物的人口信息，用于客流量和服务人口的预测分析	BIM 数据集成平台	方案设计模型/服务人口分析报告
景观效果分析	集成城市轨道交通线网/方案设计模型，模拟城市轨道交通线路及周边环境，分析城市轨道交通建（构）筑物、设施与周边环境结合的景观效果	BIM 数据集成平台	方案设计模型/景观漫游视频
噪声影响分析	集成城市轨道交通线网/方案设计模型和噪声影响分析软件输出的数据，在三维场景中展示噪声影响范围，统计分析城市轨道交通运行噪声影响区域内的建筑信息（数量、面积、产权单位、用途等）、人员信息（数量、职业等）等	BIM 数据集成平台	方案设计模型/噪声分析报告
征地拆迁分析	在场地模型中集成城市用地规划、建（构）筑物产权单位、建设年代、建筑面积、城市人口分布等信息，分析设计方案需要拆迁的建（构）筑物的数量、面积、产权单位和拆迁成本等	BIM 数据集成平台	方案设计模型/征地拆迁分析报告
地质适宜性分析	集成城市轨道交通线网/方案设计模型，分析设计方案中线路穿越的地层、地下水和不良地质情况，提高方案分析和调整的效率	BIM 数据集成平台	方案设计模型/地质适宜性分析报告

续表

应用条目	应用内容	应用手段	交付成果
规划控制管理	集成城市轨道交通线网/方案设计模型和城市控制详规信息,建立包含完整环境模型信息的数字城区,进行设计方案审查、规划控制,实现整个规划的动态管理	BIM 数据集成平台	方案设计模型/规划控制线模型
投资估算分析	集成城市轨道交通线网/方案设计模型的综合信息,结合造价经验进行投资估算	BIM 数据集成平台	方案设计模型/投资估算分析报告

可行性研究阶段 BIM 应用效果图如图 4.1.2-1～图 4.1.2-8 所示:

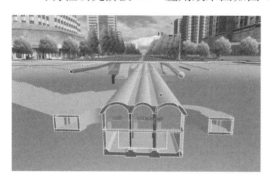

图 4.1.2-1 方案模型集成

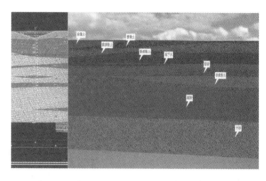

图 4.1.2-2 地质模型集成

图 4.1.2-3 市政模型集成

图 4.1.2-4 规划符合性分析

图 4.1.2-5 服务人口分析

图 4.1.2-6 景观效果分析

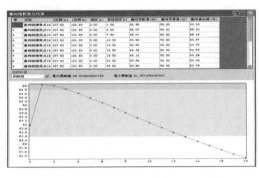

图 4.1.2-7 噪声影响分析

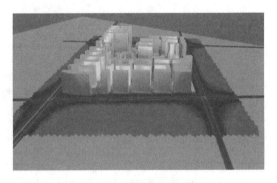

图 4.1.2-8 噪声影响分析

4.2 初步设计阶段

4.2.1 BIM 应用管理目标

基于 BIM 采集对设计方案综合分析，协调设计接口的数据，提供对建筑设计方案、结构施工方案、专项风险工程、交通影响范围和疏解方案、管线影响范围和迁改方案进行可视化沟通、交流、讨论和决策的 BIM 手段。最后形成初步设计模型和应用数据。

4.2.2 BIM 应用内容和方法

设计方案可视化、控制因素分析、换乘方案模拟、设计方案比选、施工工法模拟、交通疏解、管线改迁模拟等分别应用目的与内容、应用流程、交付成果和案例经验几个方面分别论述。

1. 设计方案可视化

1）应用目的与内容

基于 BIM，通过制作或局部调整的方式进行设计方案的整体展现，利用 BIM 的可视化特点充分展示设计意图。

2）应用流程

（1）收集数据，并确保数据的准确性；

（2）建立整体方案模型，包括主体结构建模、管线建模、道路建模及周边环境建模；

（3）对以上模型进行校审，检查模型与图纸的一致性；

（4）生成主体方案模型；

（5）模型校审并形成最终整体方案模型。

整体方案可视化应用流程见图 4.2.2-1 所示。

3）流程图中的包含数据信息说明

方案模型应能充分体现方案的设计意图，应包含支撑方案展现和决策的几何信息和非几何信息。报告应体现备选方案的三维透视图、轴测图、剖切图等图片，平面、立面、剖面图等二维图，以及方案比选的对比说明。

建筑模型应包括构件的几何尺寸、空间定位和房间用途等信息；道路模型应包含几何

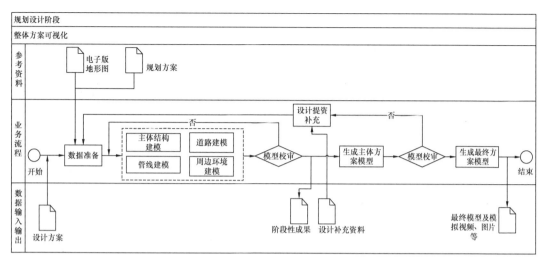

图 4.2.2-1 设计方案可视化应用流程

尺寸、空间定位和车道数等信息；管线模型应包括类型、尺寸等信息；周边环境应包括楼层高度、基础形式等信息。

4）交付成果

（1）初步方案模型。应能充分体现方案的设计意图，应包含支撑方案比选和决策的几何信息和非几何信息。

（2）设计方案报告。报告应体现备选方案的三维透视图、轴测图、剖切图等图片，平面、立面、剖面图等二维图，以及方案比选的对比说明。

（3）模拟视频。模拟视频应能充分展示地铁结构与周边环境的空间关系、出入口位置等。

5）实践经验

（1）周边环境模型（尤其是地上建构筑物、道路与附属设施）要最大限度反映真实的现场环境，可采用 3Ds Max 进行建模或结合 GIS 影像数据。

（2）车站及附属设施影响范围内的绿地（草坪、树木）、电力设施（灯杆、电塔）、公交站台等地上物应精确建模。周边环境模型建设完毕，应现场踏勘校核模型数据的准确性。

（3）模拟视频的制作应满足设计方案论证和辅助沟通交流的需求。

（4）现有 BIM 建模软件尚不具备大场景的数据集成和渲染展示功能，因此开展此项应用时，宜结合 BIM 数据集成平台实施。同时设计方案可也基于 BIM 平台进行在线沟通、交流和实施。

2. 控制因素分析

1）应用目的与内容

利用 BIM 建模软件，在建立车站（区间）BIM 模型的基础上，建立位置、高程准确的市政管线模型和周边环境模型，并将模型整合进行协调性检查及环境影响分析。实现城市轨道交通建设环境控制因素（风险源）的直观展示，为设计阶段风险源专项提供对应的设计方案模型，为施工交底提供可视化参考依据。

2）应用流程

（1）收集数据，并确保数据的准确性；

（2）建立模型，包括主体结构建模、环境管线建模、环境建（构）筑物建模及风险源分析；

（3）对以上模型进行校审，检查模型与图纸的一致性；

（4）生成控制因素方案成果；

（5）模型校审并形成最终控制因素可视化成果。

控制因素可视化应用流程见图 4.2.2-2 所示。

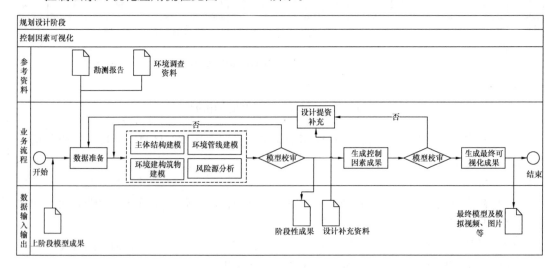

图 4.2.2-2　控制因素可视化应用流程

3）流程图中的包含数据信息说明

建筑、结构模型应包括几何尺寸、空间定位信息，以及构件类型、材料等信息；周边环境及建构筑物模型应包括道路宽度和车道数量、房屋层数和结构形式、管线尺寸、材质和所属系统等信息。

4）交付成果

（1）控制因素报告。包含反映控制因素与地铁关系的三维图片以及相关说明。

（2）模拟视频。应能充分各控制因素与地铁的空间关系。

5）实践经验

（1）重点展示制约车站、区间埋深和平面位置的既有地铁结构、市政管线、河道、桥梁等风险源；重点展示制约出入口、风亭等地面设施平面位置的建筑物、公交站牌、电力设施等地上物。因此该项应用宜结合风险管理体系进行。

（2）环境调查资料中可能缺乏公交站牌、电力设施等小型地上物，需要建模人员现场踏勘，补充相关数据。

3. 设计方案比选

1）应用目的与内容

基于 BIM 形成多个备选的设计方案模型，并利用 BIM 的可视化特点选出最佳的设计方案；使项目方案的沟通、讨论、决策在可视化的三维场景下进行，实现项目设计方案决策的直观和高效。

2）应用流程

（1）收集数据，并确保数据的准确性；

（2）建立建筑信息模型，模型应包含方案的完整设计信息。若采用二维设计图建模的，模型应当和方案设计图纸一致；

（3）检查多个备选方案模型的可行性、功能性、美观性等方面，并进行比选，形成相应的方案比选报告，选择最优的设计方案；

（4）形成最终设计方案模型。

方案比选应用流程见图 4.2.2-3 所示。

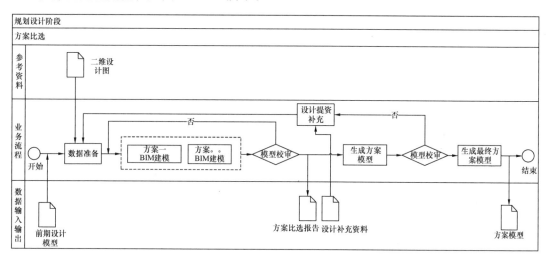

图 4.2.2-3 方案比选应用流程

3）流程图中的包含数据信息说明

方案模型应能充分体现方案的设计意图，应包含支撑方案比选和决策的几何信息和非几何信息。

4）交付成果

（1）方案比选报告。报告应体现备选方案的三维透视图、轴测图、剖切图等图片，平面、立面、剖面图等二维图，以及方案比选的对比说明。

（2）设计方案模型。

5）实践经验

（1）针对不同阶段应控制建模范围和深度，满足该阶段方案比选需要即可，避免过度建模。总体设计阶段：表达车站层数、空间位置、外轮廓尺寸即可，内部构件与设施设备可不建模。初步设计阶段：准确表达线站位、换乘通道、附属结构位置、站内房间布置。施工图设计阶段：满足工程筹划方案展示要求。

（2）方案比选应结合三维环境模型，包括既有地铁结构、环境建/构筑物、市政管线、工程地质、城市绿地、道路及附属设施、河道水系等。

（3）宜基于 BIM 数据集成平台进行方案比选，动态展示周边环境关系、换乘方案、设计控制因素等。

4. 换乘方案分析

1）应用目的与内容

通过对模型以剖切、透视、消隐等多种方式进行多角度展示，清晰、明确、直观的模拟车站换乘方案，使换乘方案的沟通、讨论、决策在可视化的三维场景下进行，实现项目设计方案决策的直观和高效，为方案讨论、宣传、公示等活动提供支撑。

2）应用流程

（1）收集数据，并确保数据的准确性；

（2）建立换乘方案模型，包括主体结构建模、导向专业建模、客流仿真分析及疏散模拟分析；

（3）对以上模型进行校审，检查模型与图纸的一致性；

（4）生成换乘方案成果；

（5）模型校审并形成最终换乘方案可视化成果。

换乘方案可视化应用流程见图 4.2.2-4 所示。

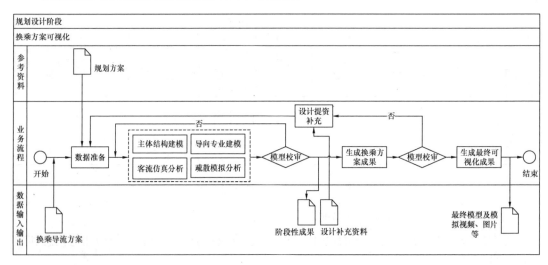

图 4.2.2-4　换乘方案可视化应用流程

3）流程图中的包含数据信息说明

换乘方案可视化模型应包含导向专业建模，包括应急疏散标识标牌、楼梯电梯指示牌、换乘导行线等。最终成果宜结合客流仿真分析形成成果报告、换乘节点透视图、人行漫游视频等。

4）交付成果

（1）换乘方案报告。报告应体现备选方案的三维透视图、换乘节点透视图、换乘路径效果图等，以及换乘方案的相关说明。

（2）模拟视频。模拟视频应能充分展示人员在车站内的换乘路径。

5）实践经验

（1）模拟视频宜包括全局换乘路线展示和第一视角换乘路线漫游。全局换乘路线展示建议采用动态流线表达；

（2）现有 BIM 建模软件尚不能满足换乘客流模拟等应用需求，因此该项应用宜结合专业的分析软件实施。

5. 交通疏解与管线改迁

1）应用目的与内容

创建施工围挡范围内的市政管线、施工围挡及影响管线迁改的周边环境模型，分阶段模拟管线迁改和道路疏解，检查方案可行性；利用 BIM 的可视化、可模拟、精确性等特点，实现交通疏解和管线迁改方案的优化和模拟。

2）应用流程

（1）数据收集。收集的数据包括电子版地形图、图纸、报告、施工进度计划；

（2）施工围挡建模。根据管线迁改方案建立各施工阶段施工围挡模型，可采用墙体对象建模；

（3）管线建模。根据地下管线成果探测图、报告以及管线迁改方案平面图、断面图建立现有管线和各施工阶段的管线模型，应采用设备管线对象建模；

（4）道路现状和各阶段建模。根据交通疏解方案，搭建道路现状模型与各阶段交通疏解模型。模型应能准确体现各阶段道路布局变化情况，及周边环境的相应变化；

（5）周边环境建模。根据管线迁改地区周边地块平面图、地形图建立地表模型；根据周边建构筑物相关图纸建立周边建构筑物模型，可采用体量建模；

（6）内部校验模型。校验模型准确性、完整性及拆分合理性等；

（7）生成管线迁改和交通疏解模型；

（8）通过实施施工围挡建模、管线建模、道路现状和各阶段建模及周边环境建模，且检验无误后生成管线迁改与交通疏解模型；

（9）生成管线迁改与交通疏解模拟视频。将 BIM 模型导入模型应用软件，并根据施工方案模拟管线迁改与交通疏解，完成相应视频。

交通疏解、管线迁改应用流程见图 4.2.2-5 所示。

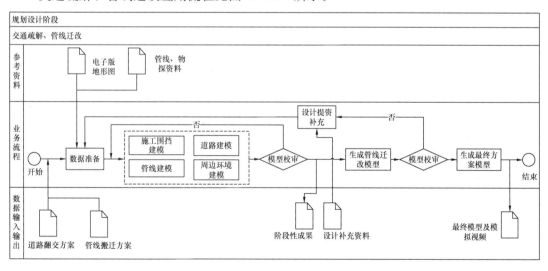

图 4.2.2-5　交通疏解、管线迁改应用流程

3）流程图中的包含数据信息说明

车站主体和附属模型应包括坐标和几何尺寸等外轮廓信息；市政管线应包含管线类

型、权属单位、介质属性、几何尺寸和坐标等信息；道路及施工围挡应包含标高、坐标、几何尺寸等信息。

4）交付成果

（1）管线迁改与交通疏解模型。模型应清晰地展现各施工阶段管线迁改内容、交通疏解方案、施工围挡范围、管线与周边建构筑物位置的关系。

（2）管线迁改与交通疏解模拟视频。模拟视频应清晰表达管线迁改、交通疏解方案随进度计划变化的状况，重点反映各施工阶段的重点难点。

5）实践经验

（1）分阶段建立并传递交通疏解、管线迁改模型，阶段性模型作为新的环境边界条件。

（2）管线迁改模拟过程中，应检查管线迁改方案是否引起新的碰撞问题。

（3）当迁改管线较少或站点周边市政管线整体数量不多，管线迁改关系简单时，应综合考虑性价比因素。

（4）交通疏解模型建立和模拟视频制作，宜融入建设管理单位的安全文明施工标准化元素。

（5）管线迁改从设计阶段到施工阶段的变化较为频繁，实施过程中方案的不确定因素较多，实施过程中注意把握 BIM 模型的建设时机。

4.3　施工图设计阶段

4.3.1　BIM 应用管理目标

基于 BIM 开展设计进度和质量管理、限界优化设计、管线碰撞检查、三维管线综合、预留预埋检查及工程量统计等方面的应用，提高设计质量。形成施工图设计模型和应用数据。

4.3.2　BIM 应用内容和方法

重点对设计进度和质量管理、限界优化设计、管线碰撞检查、三维管线综合、预留孔洞检查等应用进行介绍。

1. 设计进度和质量管理

1）应用目的与内容

利用 BIM 数据集成平台实现对设计图纸和 BIM 交付成果的集中存储与管理，保证交付数据的及时性与一致性，在 BIM 数据集成平台中进行设计任务分配及模型管理，确保信息沟通及时准确、工作开展顺畅有序，提高设计效率和质量。

2）应用流程

（1）借助 BIM 平台设置项目文件管理权限；

（2）在 BIM 平台中设置项目文件夹架构，规范文件管理；

（3）明确 BIM 人员架构，设置 BIM 负责人及各专业协调员（协调员负责各专业具体建模工作）；

（4）设定项目样板文件（包含出图设置、常用族、视图设置、构件命名规则），进行任务分工，建立协同工作模式；

（5）统一建模规则、模型标准及注意事项；

（6）定期组织专业间协调会议，解决协作问题。

3）交付成果

（1）项目级 BIM 标准。项目标准规定不同设计阶段的 BIM 模型标准，实施方法、流程，验收标准以及归档的标准，是实施 BIM 协同设计的基础。

（2）BIM 模型成果。在设计的不同阶段，提供满足各阶段模型精细度要求的方案设计模型、初步设计模型和施工图设计模型。

4）实践经验

（1）在 BIM 数据集成平台基础上，宜开发设计管理功能，形成设计管理平台能够在线查看 BIM 应用成果，包括文档、图纸、图片、视频等。

（2）BIM 数据集成与设计管理平台应能够记录各单位提资记录，实现对各方提资文件的版本控制；记录任务发起和落实的时间，考核各单位的协同工作效率。

（3）BIM 数据集成与设计管理平台的成果管理目录，应结合线路总体总包管理办法。

（4）全线网 BIM 数据可集成至 BIM 数据集成与设计管理平台，基于平台进行辅助设计评审等工作。

2. 限界优化设计

1）应用目的与内容

基于 BIM 完成车辆限界、设备限界、建筑限界计算程序，并生成实现将计算结果转换输出为 CAD 图纸，作为出图使用。同时利用 BIM 将限界三维可视化，实现限界自动对区间土建、结构、设备布置的协调碰撞检查功能。

2）应用流程

（1）确定界面逻辑。根据计算的限界，计算的内容进行限界的分类计算，定制程序的界面。

（2）确定业务逻辑。将计算参数、计算过程、计算结果用计算机程序语言进行表达，全参数的定义，计算点数的根据需求增加，提供更高的自由度。同时为出图需求输出相应成果，应用于基于 BIM 模型的协调碰撞检查。

（3）数据输出。将计算结果输出成 CAD 图形以及 Excel 表格，用于交付。

（4）限界检查。利用建模软件建立隧道模型，生成限界模型面；利用 BIM 软件检查车辆、设备与限界模型面的碰撞情况。

3）交付成果

（1）限界模型面。

（2）限界检查报告。

4）实践经验

（1）对现有的《地铁限界标准》和《地铁规范》的计算方法进行总结，得出最科学的计算方法和计算结果，将计算结果与已运营安全的地铁线路限界进行对比，调整得出符合实际的计算结果。

（2）进行限界检查的同时，可同步检验土建、岩土结构设计的合理性，协调设备安装布置的可行性。

3. 管线碰撞检查

1）应用目的与内容

基于 BIM，创建各专业管线模型，检测模型之间是否已经发生碰撞或即将发生碰撞，检查模型之间是否满足特定间距要求，并报告和展示模型发生碰撞的位置点或不能满足特定间距要求的位置点、疑似问题点，进一步调整设计成果，提高设计质量。

2）应用流程

（1）数据收集

收集的数据包括二维管线综合图；

（2）建立模型

根据二维管线综合图建立各专业管线模型；

（3）碰撞检测

进行各专业管线的碰撞检测，并生成碰撞检测报告；

（4）设计修改。

（5）设计人员基于管线碰撞检测报告修改调整。

设计阶段碰撞检查应用流程见图 4.3.2-1 所示。

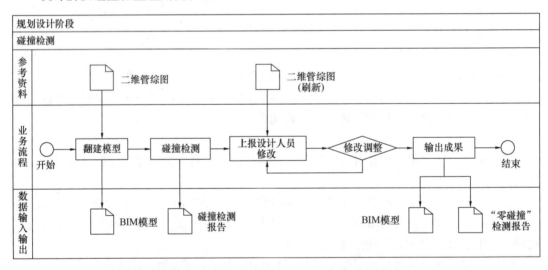

图 4.3.2-1　设计阶段碰撞检测应用流程图

3）流程图中的包含数据信息说明

BIM 模型应包括施工图设计对应的所有专业及其对应的空间定位、几何信息以及机电各专业所属系统信息。

4）交付成果

碰撞分析报告。报告应用三维图片和文字的形式描述所有碰撞问题。

5）实践经验

（1）由于设计图纸存在的错漏问题（尤其是明显的标注错误问题、上下层立管位置不对照、各专业图纸版本不协调等），会导致大量碰撞问题没有实际意义。应在建模过程中对发现的设计错、漏问题及时向相关专业进行澄清，解决低级错误后再进行碰撞检查，保障工作的效率。

（2）管线碰撞检查的实施单位应相关单位建立有效沟通机制，保障问题澄清的发起和回复及时有效。

（3）碰撞检查重点解决公共区的管线协调性检查，设备机房内部可留置施工阶段解决。

（4）关于检查模型之间是否满足特定间距要求的检查，应按照设计文件的相关间距要求执行，具备条件时宜征求机电安装单位意见。

4. 三维管线综合

1）应用目的与内容

基于 BIM 模型，根据管线碰撞检查结果、大型设备运输路径检查结果进行管线调整，合理布置设备区走廊和站台层公共区管线，为综合支吊架施工做好准备；合理布置公共区管线，使其满足装修、设备运行、检修空间、和设备运输空间要求，最终确保施工方可按图施工。

2）应用流程

（1）数据收集

收集的数据包括各专业设计成果、管线碰撞检查结果、大型设备运输路径检查结果；

（2）三维管线设计

根据各专业管线模型及碰撞检查结果等，在三维环境下合理调整和布置管线；

（3）BIM 方案审查

进行三维 BIM 方案的审查，保证其设计原则准确无误；

（4）输出图纸

方案审查合格后，输出二维管线综合图及各专业施工图。

三维管线综合应用流程见图 4.3.2-2 所示。

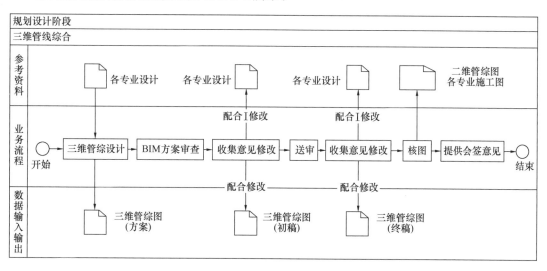

图 4.3.2-2 三维管线综合应用流程图

3）流程图中的包含数据信息说明

三维管线综合应包括施工图设计对应的城市轨道交通工程全专业 BIM 模型的几何尺

寸、空间定位、材质类型、所属系统以及房间用途等信息。

4）交付成果

三维管线综合最终以电子文件形式给出最终成果文件，提供的电子文件包含具有模型树的三维 PDF 格式的中间文件和设计默认的格式的三维综合管线设计文件；内容应包含但不限于以下内容：

（1）车站各层综合管线三维轴侧图；

（2）通过模型树状结构打开和关闭车站相关系统专业三维轴测图（站厅层、站台层、站台板下层各分层表示）；

（3）车站管线综合相关关键节点部位（关键节点部位包括不限于：①站厅层设备区与公共区交接部位；②公共区位与出入口交接部位；③管理用房集中区域设备走廊部位；④结构层高有变化的部位；⑤走廊交叉处管线变化复杂的地方；⑥站台层安全门端门部位；⑦楼扶梯部位；⑧公共区四个角部位）三维剖视图，剖视深度为 5～10m 左右；

（4）车站整体综合管线三维轴测图；

（5）站厅层通风系统内部碰撞检测和车站各系统专业间的管线综合碰撞检查过程以及设备层、商业层、站台层各系统间的综合管线碰撞检测过程均通过录像生成 AVI 格式文件；

（6）根据综合管线三维图分别切成二维的各系统专业管线图，并进行管线名称和高程的标注，形成管线综合二维专册图，以便二维管线综合设计和各系统管线施工图绘制提供依据。

5）实践经验

（1）三维管线综合工作宜由原管线综合专业主导具体实施。三维管线综合涉及多专业协同工作，应制定保障各专业设计提资时间和版本控制的措施。

（2）应先进行管线初排、确定原则，再进行具体三维管线综合工作。管线排布原则，应考虑该站点的支吊架方案，是否采用综合支吊架进行安装，避免施工阶段再次调整。

（3）当前技术水平条件下，三维管线综合相比传统方法会消耗更多时间，设计单位的出图计划应充分考虑此因素。

（4）三维管综后的模型中应保存相关图纸剖面及标注信息，便于施工单位查看、指导现场作业。

（5）结合当前机电设计深度，设计单位实施三维管线综合的工作范围，可仅仅为主管线，但应做好接口预留，保障后期施工深化设计的实施。

5. 预留孔洞检查

1）应用目的与内容

基于多专业协调检查模型，梳理墙、柱、板、梁以及二次结构构件的预留孔洞，并导出预留孔洞图纸（应包含形状、尺寸、位置等信息），实现预留孔洞的提前检查，以免现场临时开孔导致的工期延误和质量隐患。

2）应用流程

（1）数据收集

收集的数据包括多专业协调检查模型，要求碰撞调整完毕；

（2）梳理各专业预留孔洞并布置洞口

梳理墙、柱、板、梁及二次结构构件的预留孔洞，布置洞口；

（3）校验模型

校验模型（特别是预留孔洞）的完整性、准确性；

（4）导出预留孔洞图纸

基于模型导出预留孔洞图纸，应包含形状、尺寸、位置等信息。

预留孔洞检查应用流程见图 4.3.2-3 所示。

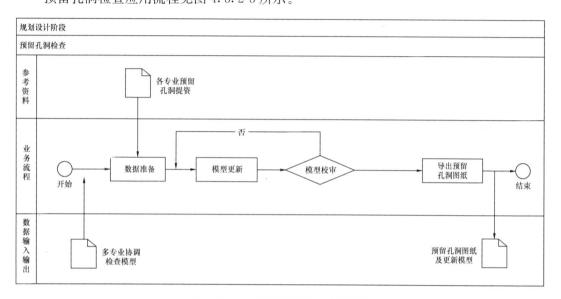

图 4.3.2-3 预留孔洞检查应用流程

3）交付成果

预留孔洞检查报告。提交预留孔洞检查报告，用三维图片和文字说明描述预留洞口的错、漏位置。

4）实践经验

（1）预留孔洞检查的重点检查内容：洞口是否缺乏；洞口尺寸是否满足安装条件（考虑建模软件中管件公称直径与实际尺寸关系、设计说明中关于管道穿墙安装要求）。关于洞口问题描述的三维图片宜包含轴网信息和洞口尺寸标注，便于位置识别。

（2）若站点实施三维管线综合，应在管线调整完毕后再检查预留孔洞。

（3）预留孔洞检查结果，宜由管线综合专业协调原建筑、结构专业进行修改完善。

（4）当前阶段，在实施过程中，借助 BIM 实施预留孔洞的检查，宜将建筑、结构的一次预留和二次预留分开处理。

4.4 施工准备阶段

4.4.1 BIM 应用管理目标

施工准备阶段应用 BIM 主要是对工程施工方案开展深化设计及虚拟建造，深入理解设计意图、分析工程重难点，全面优化施工组织设计。包括利用模型开展机电深化设计、土建深化设计、装修深化设计、关键复杂节点工序模拟和工程筹划模拟等方面的应用，用于指导现场施工。

4.4.2　应用管理内容

重点对机电深化设计、装修深化设计、关键复杂节点工序模拟、工程筹划模拟、大型设备运输路径检查等应用进行介绍。

1. 机电深化设计

1）应用目的与内容

基于 BIM 三维管线综合的设计成果基础上，添加设备末端，并开展综合支吊架设计，实现管线的合理安装。以达到综合支吊架安装的材料节约化、布置紧凑化和设计美观化。

2）应用流程

（1）分析管线排布

根据三维管线综合图及综合支吊架设计规范分析现有管线排布；

（2）制定支吊架方案，并导出综合支吊架图；

（3）关键工序方案分析，并进行施工工序排布模拟；

（4）进行校审，修改后输出成果。

施工阶段综合支吊架深化流程见图 4.4.2-1 所示。

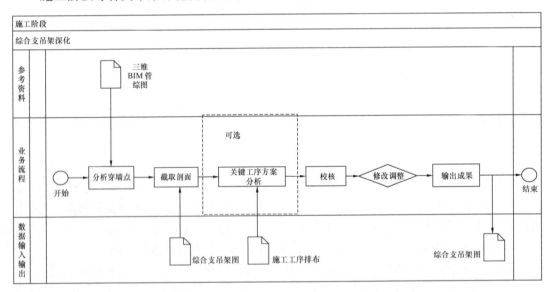

图 4.4.2-1　施工阶段综合支吊架深化流程

3）流程图中的包含数据信息说明

综合支吊架设计应基于 BIM 三维管线综合设计成果开展，基础信息与其保持一致。

4）交付成果

（1）综合支吊架三维图纸。综合支吊架三维图纸以 BIM 模型剖面图为蓝本，在其基础之上，标示综合支吊架位置、尺寸、标高；

（2）综合支吊架二维图纸。综合支吊架二维图纸上应标注综合支吊架的位置、高度、尺寸及支架标高。

5）实践经验

（1）建议由机电安装专业分包单位自主实施，模型用于预制加工和工程计量；

（2）机电深化设计前宜核对工程实体与模型的一致性，考虑土建施工偏差因素。

2. 装修深化设计

1）应用目的与内容

基于 BIM 针对装修方案和三维管线综合设计成果进行对比分析，找出冲突位置和冲突问题并解决。通过装修深化设计，解决对装修设计本身的效果校核、对整个空间设计的校核、各类设施的平衡、管线校核和标高控制等问题。并通过 BIM 呈现装修设计方案，最终成果可确保装修方案切实可行、无冲突。

2）应用流程

（1）分析管线排布，根据三维管线综合图及装修方案分析装修影响；

（2）进行建筑、结构影响分析；

（3）进行管线校核、标高控制；

（4）各类设施平衡；

（5）效果审核，修改完善后输出成果。

施工阶段装修深化设计流程见图 4.4.2-2 所示。

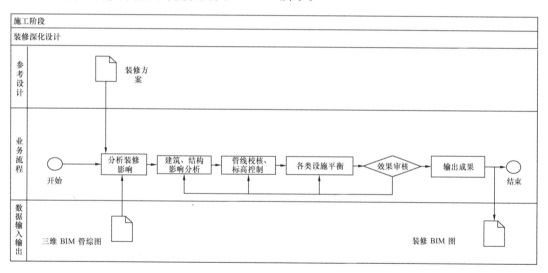

图 4.4.2-2　施工阶段装修深化设计流程图

3）流程图中的包含数据信息说明

在三维管线综合模型的基础上，增加装修材料的材质信息、办公设施的几何信息。

4）交付成果

以三维渲染图片方式交付装修深化设计图。在站厅层、站台层公共区等关键部位，应能展现出装修设计意图，并用合适的装修材料进行展示。

5）实践经验

（1）由于装修设计往往滞后于机电设计，应基于三维管线综合结果进行装修深化设计，防止部分节点装修与其他专业发生碰撞。

（2）可利用 VR 技术进行设计方案的检查，重点检查装修方案与其他专业协调性、墙面箱柜的美观性。

3. 关键、复杂节点的工艺模拟

1）应用目的与内容

基于 BIM 对关键、复杂节点工艺模拟，重点在管线综合施工中多专业管路交错区域及土建工程特殊节点。在管线综合方面主要用于多专业交汇区域的管路安装次序演示、空间关系控制及相应书面、可视化交底；土建工程主要用于特殊节点施工方法演示及相应书面、可视化交底。便于施工前熟悉掌握施工方法及内容，用于施工交底，提高施工合格率、减少返工。

2）应用流程

（1）收集数据，并确保数据的准确性；

（2）细化（优化）土建局部模型与管线综合模型，使模型达到工艺模拟的精细度要求；

（3）基于细化模型对管线设备安装或土建工程施工的关键、复杂节点进行工艺模拟；

（4）根据模拟结果及收集意见对模型进行修改；

（5）模型校审并针对施工要素进行书面、可视化交底；

（6）基于土建、管综节点模型形成节点材料清单和虚拟施工影像等成果。

关键、复杂工艺模拟应用流程见图 4.4.2-3 所示。

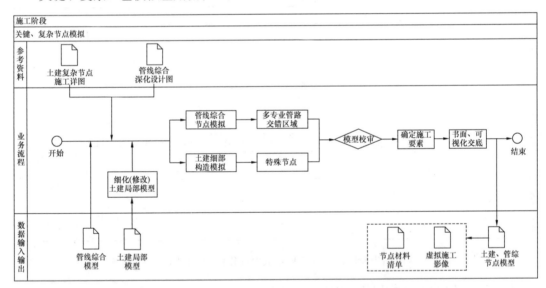

图 4.4.2-3　关键、复杂节点的工艺模拟应用流程

3）流程图中的包含数据信息说明

细化土建模型应包含构件材质、几何信息；多专业管线交错区域应包含几何尺寸、所属系统、管道材质等信息；土建特殊节点应包含钢筋、预埋件等构件几何尺寸、空间定位、材质和强度信息。

4）交付成果

成果应包含详细的节点模型、节点材料清单及相应的虚拟施工影像等。

5）实践经验

（1）施工现场宜配备大屏演示系统，利用虚拟施工影像进行施工交底；

（2）实施过程中，注意成果的积累，逐步形成标准的工艺工法库。

4. 施工工序模拟

1）应用目的与内容

基于 BIM 对复杂断面区段、车站、管线综合等施工工艺复杂、结构形式特殊或专业施工交叉密集的工程进行施工工序模拟。便于技术人员、施工工人等直观掌握工程各阶段施工内容及施工要点。

2）应用流程

（1）收集数据，并确保数据的准确性；

（2）初步确定管线设备安装或特殊部位土建施工的时间参数，并将其赋予到对应模型构件信息中；

（3）基于带时间参数的模型对管线设备安装、土建工程施工分别进行交叉作业协调和施工方案模拟；

（4）根据模拟结果及收集意见对施工时间参数及模型进行修改；

（5）模型校审并形成最终工序方案及带时间参数的土建模型和管综模型；

（6）基于带时间参数的模型进行虚拟演示交底等应用。

施工工序模拟应用流程见图 4.4.2-4 所示。

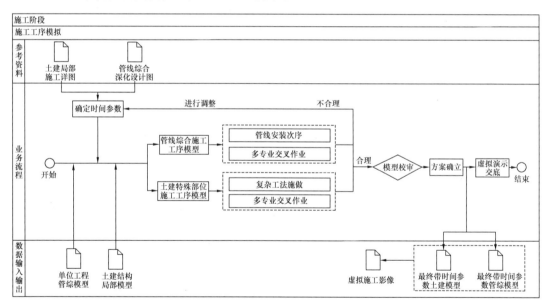

图 4.4.2-4　施工工序模拟应用流程

3）流程图中的包含数据信息说明

土建结构局部模型应包含构件的几何信息；管线综合施工工序模型应包含几何尺寸、安装时间等信息；土建特殊部位施工工序模型应包括构建的几何尺寸、时间参数等信息。

4）交付成果

成果应包含带时间参数的土建局部模型、管线综合模型、相应工序的虚拟施工影像及相应工序的施工方案等。

5）实践经验

（1）模型制作深度宜结合施工分部分项范围；

（2）机电多专业交汇区域的管路安装次序演示，应结合各专业施工队伍的进场计划实施。

（3）当前建模软件尚不具备 4D 模拟功能，宜借助 BIM 平台实施。

5. 大型设备运输路径检查

1）应用目的与内容

基于 BIM 搭建大型设备模型和定义运输路径，动态模拟设备的安装检修路径，生成大型设备运输路径模拟视频，提前规划并检查大型设备的运输检修路径，以防现场返工导致的浪费和工期延误。

2）应用流程

（1）数据收集

收集的数据包括大型设备图纸、大型设备安装及维修路径信息、装修效果仿真成果模型；

（2）整合模型

将已有模型导入到模型应用软件进行整合，并设定安装检修路径；

（3）校验模型

校验模型的完整性、准确性；

（4）进行路径检查；

（5）提交路径检查问题报告；

（6）运输路径模拟动画

根据大型设备运输路径模型，生成运输路径模拟动画。

大型设备运输路径检查应用流程见图 4.4.2-5 所示。

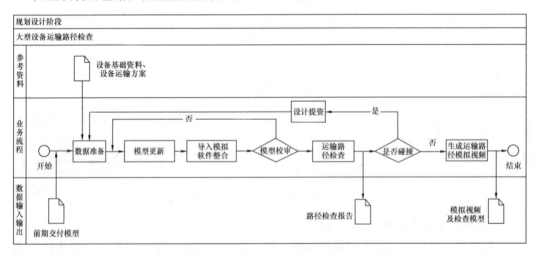

图 4.4.2-5　大型设备运输路径检查应用流程

3）流程图中的包含数据信息说明

大型设备运输路径模型应包含大型设备、运输路径上的相关建筑、结构或机电构件的精确几何信息，应保证运输模拟的有效性和准确性。

4）交付成果

（1）检查报告。提交设计提资路径检查问题报告，报告用三维图片和文字说明运输碰撞点位置、碰撞对象。

（2）运输路径视频。能清晰反映设备的运输路径。

5）实践经验

（1）重点检查设备进站通道的大小、畅通程度、设备基础等环节是否能满足设备运输安装的要求，是否为后期吊装运输提供足够空间。

（2）模拟的设备包括空调机组、配电柜、轴流风机、轨排等大型设施设备。

（3）若设备招标尚未完成，大型设备尺寸由设计单位提供。

（4）大型设备运输路径检查宜结合三维管线综合和预留洞口检查过程实施，设备运输的空间需求作为后者的限制条件。

4.5 施工阶段

4.5.1 BIM 应用管理目标

施工阶段利用 BIM 数据集成平台，在创建虚拟现场的基础上，结合 GIS、物联网、移动互联等技术开展标准化管理、进度管理、安全风险管理、质量管理、重要部位和环节条件验收、成本管理等方面的应用，实现对工程项目的可视化掌控和精细化管理。

4.5.2 BIM 应用管理内容

施工阶段 BIM 总体管理的重点是保证所建设的数字工地与实体工地之间的交互关系。其中数字工地以整个建造过程的可计算，可控制为目标，基于先进的计算、仿真、可视化、信息管理等技术，实现对实体工地的数字驱动与管控。

主要的应用内容包含以下几个方面的内容：

1. 标准化管理

1）应用目的与内容

首先确定标准化管理重点，基于 BIM 的方案模拟成果制定相关环节标准化样本，形成用专用于标准化交底的模拟视频及数据样本，用于标准化施工交底、实施、管理及考核。以 BIM 技术为主干推动标准化管理，具体包括：现场布置标准化、施工组织标准化、作业流程标准化、质量控制标准化等。

2）应用流程

（1）收集数据，并确保数据的准确性；

（2）确定现场布置、施工组织、工艺流程和质量控制等方面标准化内容与基于 BIM 的审核标准；

（3）基于模型对文明施工、临建与场地建设、安全防护、主要机械布置、施工工艺、施工流程等具体标准化管理控制内容进行细化建模和模拟；

（4）基于标准化要点进行校审并形成相应标准化模型；

（5）建立并不断深化和完善配套的标准化工作标准和管理制度。

基于 BIM 的标准化管理应用流程见图 4.5.2-1 所示。

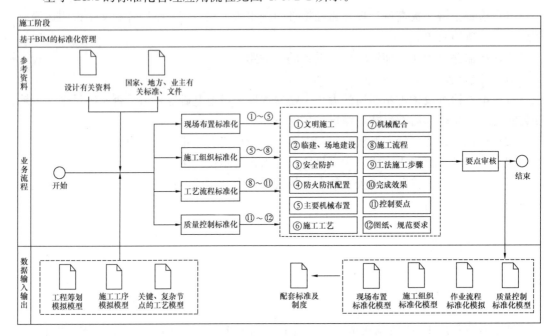

图 4.5.2-1　基于 BIM 的标准化管理应用流程

3）流程图中的包含数据信息说明

基于 BIM 的标准化，应由施工方案模型及模拟、施工工序模型及模拟、关键、复杂节点模型及模拟组成。

4）交付成果

成果应包含现场布置标准化模型、施工组织标准化模型、作业流程标准化模拟、质量控制标准化要点对应的模型，以及配套建立的标准与考核表等。

5）实践经验

（1）根据建设单位的安全文明施工标准化要求，建立统一的文明施工标准构件模型，指导施工临建加工和场地布置。标准构件通过 BIM 集成平台进行管理和共享。

（2）结合施工交底资料，逐步建立标准施工工艺模型和施工动画，形成交底资源库，辅助对作业人员的施工交底、作业培训。

2. 竣工模型交付及辅助结算管理

1）应用目的与内容

基于竣工 BIM 模型，结合竣工交付要求，导出设施设备清单，辅助竣工核算，并作为最终验收标准的依据，以满足高效及高质量竣工交付要求。

2）应用流程

（1）收集数据，完善模型；

（2）整理竣工结算要求；

（3）通过模型导出设施设备清单；

（4）辅助竣工结算，所出清单作为最终竣工验收依据。

竣工辅助结算应用流程见图 4.5.2-2 所示。

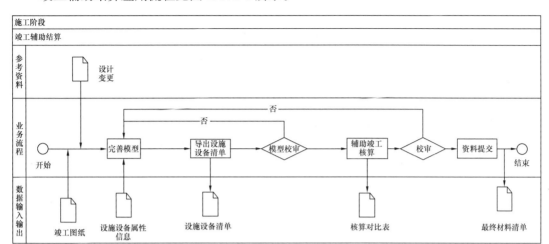

图 4.5.2-2 竣工辅助结算流程图

3）流程图中的包含数据信息说明

竣工辅助结算清单应当通过模型输出，包含必要的竣工信息，作为建设方和政府竣工资料的重要参考依据。

4）交付成果

交付成果应包括竣工模型，竣工辅助结算清单等。

5）实践经验

（1）建立竣工模型时应考虑建模软件自身的构件扣减规则与工程计价规范的差异，统一建模规则。

（2）为便于工程量统计而制定的构件命名、编码要求、建模方法、模型拆分和建模细度等要求，应兼顾进度、质量等辅助管理需求，避免重复建模。

（3）建议优先开展混凝土、土方、机电管道、设备末端的工程量统计，钢筋工程量的计算酌情开展。

3. 进度辅助管理

1）应用目的与内容

基于 BIM 4D 技术，将模型构件与单位工程分部分项相关联，然后根据施工进度计划给每个分部分项任务设定时间区间，并将每个任务通过平台自动发送给的总包、专业分包、监理、业主等相关管理人员，以便根据可视化构件进度指导现场施工。从而实现进度管理的可视化、精细化、便捷化。

2）实践经验

（1）进度辅助管理应借助 BIM 数据集成平台并开发相应的进度管理功能实施，实现进度的可视化管理。BIM 平台应注重进度数据的分析统计、报表输出等功能实现，为项目管理人员提业务便利。

（2）建设单位和施工单位对进度的管理细度不同，BIM 平台应针对用户进行差异化功能设计。

（3）针对进度管理需求，应结合 BIM 应用平台功能的技术路线制定进度模型的数据标准。

（4）城市轨道交通工程建设规模大、建设周期长、周边环境复杂，BIM 应用平台的开发应结合 GIS、物联网技术，逐步推动进度信息采集的自动化、智能化。

4. 质量辅助管理

1）应用目的与内容

通过移动端（PAD、手机）将现场发现的工程质量问题与 BIM 模型关联，形成质量管理事件并记录入 BIM 数据集成平台，实现工程质量的实施搜集和处理。

将工程质量信息与 BIM 模型挂接，从而实现质量问题的可追溯。

2）实践经验

（1）应结合 BIM 数据集成平台，开发质量管理功能，注重 BIM 平台的数据统计分析、报表输出等功能实现，为建设单位的质量评价和管理提供数据支持。

（2）工程质量问题的描述，应采用文字描述、视频和照片形式描述。

（3）BIM 平台中宜预设质量问题类型便于选择，提高用户体验。质量问题类型的设置应结合建设单位既有管理制度。

5. 安全风险辅助管理

1）应用目的与内容

基于 BIM 构建三维风险管理系统，结合传统的二维风险监控系统，实现地铁施工风险的可视化管理和智能辨识。同时结合移动端（PAD、手机）采集，实现安全巡视数据的实施传输、处理和归档。

2）实践经验

（1）应结合 BIM 数据集成平台，开发质量管理功能，注重 BIM 平台的数据统计分析、报表输出等功能实现为建设单位的安全风险管理提供数据支持。

（2）安全风险问题的描述，应采用文字描述、视频和照片形式描述。

（3）BIM 平台中安全风险的管理应与工程实际进度结合，结合实际进度对施工风险进行动态评价。

（4）BIM 平台的开发应结合 GIS、物联网技术，宜借助进度信息采集的自动化、智能化，实现工程风险的自动提醒和信息推送。

6. 预算与成本辅助管理

1）应用目的与内容

根据项目特点和成本控制需求，编制（整体工程、单位工程、单项工程、分部分项工程等）不同层次、不同周期及不同项目参与方的成本计划。应对实际成本的原始数据进行收集、整理、统计和分析，并将实际成本信息附加或关联到成本管理模型。

在施工图预算 BIM 应用中，可基于施工图设计模型创建施工图预算模型，基于清单规范和消耗量定额（包括内部定额）确定工程量清单项目，完成工程量计算、分部分项计价和工程总造价计算，输出招标清单项目、招标控制价或投标清单项目及投标报价单。

在成本管理 BIM 应用中，可基于深化设计模型或预制加工模型，以及清单规范和消耗量定额确定成本计划并创建成本管理模型，通过计算合同预算成本和集成进度信息，定期进行三算对比、纠偏、成本核算、成本分析工作。

2）实践经验

（1）施工图预算的工程量计算通过 BIM 建模软件实现。施工阶段的验工计价管理应紧密结合实际施工进度，通过 BIM 平台实现。

（2）载入 BIM 平台的算量模型，应包含工程量、材料类型等信息。为便于工程量的分类统计和报表输出，宜对模型构件增加清单编码信息。

（3）算量模型载入 BIM 平台前，应校核模型工程量与造价咨询工程量的差异，保障工程量控制数据的准确性。

（4）BIM 平台应根据进度上报数据，自动统计已完工程量信息、推送相关数据、输出报表等。

7. 重要部位和环节条件验收管理

1）应用目的与内容

根据所在城市制定的"轨道交通建设工程重要部位和环节施工前条件验收"具体实施办法和要求，梳理本工程实施所涉及的重要部位和环节。严格按照各专业设计图纸建立轨道交通 BIM 模型，将"重要部位和环节"以及对应所需的准备工作事项作为属性信息赋予模型实体。通过查询模型获得所需准备工作的项目列表，及各项工作完成情况。基于 BIM 模型和条件验收管理流程开发辅助管理系统，实现远程验收和虚拟验收，提高整个条件验收工作沟通和实施的效率。

2）实践经验

（1）应结合 BIM 数据集成平台，开发条件验收功能，包括重要部位和环节条件验收涉及技术文档和签证文件管理、施工方案评审批、施工现场检查和业务审批等工作。

（2）BIM 平台应能根据条件验收类型，罗列准备工作事项、显示待办事项的工作状态，在线查询已完成评审记录、签证文件。

（3）BIM 平台可集成施工现场摄像头，远程查看施工现场准备工作情况。通过在线查阅准备工作，实现远程验收和虚拟验收。

（4）宜将重要部位和环节施工前条件验收的 BIM 应用纳入风险管理。

8. 竣工验收及数字归档

1）应用目的与内容

根据最新设计图纸和设计变更完善 BIM 模型，将 BIM 模型与现场实景对比，更新 BIM 模型，确保模型与施工现场一致；

地铁 BIM 模型建立时，充分考虑工程质量验收分部、分项、检验批划分规则，并将施工单位自检报告、施工过程技术资料（包括主要施工单位的产品质量保证资料、合格报告等）和监理单位资料（独立抽检资料、监理工作总结及质量评价资料等）与 BIM 模型建立关联关系。工程验收时，可以通过 BIM 模型对重要分部工程的质量验收记录进行快速核查，提高质量验收的效率。

搜集设施设备各类属性信息，将运维所需信息录入 BIM 模型，并对模型数据的准确性进行校对后，移交项目公司进行归档。解决竣工数据归档的及时性、准确性和后续使用方便性等问题

2）应用流程

（1）收集数据，并确保数据的准确性；

（2）比对设计图纸，完善模型；

（3）比对施工现场，更新模型；

（4）输入设施设备属性信息，最终检查模型完整性与准确性，并满足项目公司竣工要求。

竣工验收及数字归档应用流程见图 4.5.2-3 所示。

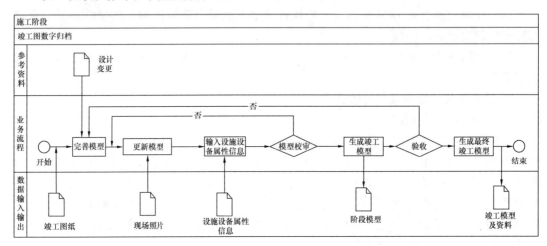

图 4.5.2-3　竣工图数字归档

3）流程图包含的数据信息说明

模型应当准确表达构件的外表几何信息、材质信息、厂家信息以及施工安装信息等。其中，对于不能指导施工、对运营无指导意义的内容，不宜过度建模。

4）交付成果

（1）竣工模型。

（2）竣工验收资料。竣工图纸应满足竣工图编制深度要求，竣工验收资料应满足工程竣工验收与归档相关规范的要求。

5）实践经验

（1）为保障竣工模型与现场一致，应重点核实涉及资产管理的设施设备的数量和位置。

（2）关于设施设备模型的属性信息，应包括建设管理单位的资产管理编码，根据运营维护需要决定是否赋予设备编号。

（3）施工档案资料的电子化文件应按照建设单位纸质档案管理办法进行分类，并以文件夹形式存储。文件夹名称应包含档案分类编码信息。

（4）竣工模型各专业应增加档案资料编码信息。在 BIM 平台中，竣工模型通过资料编码与电子化档案资料建立关联关系。

课　后　习　题

一、单项选择题

1. 征地拆迁分析是属于（　　）的工作内容。

A. 可行性研究阶段　　　　　　　　B. 初步设计阶段

C. 施工图设计阶段　　　　　　　　D. 施工准备阶段

2. "基于 BIM 采集对设计方案综合分析，协调设计接口的数据，提供对建筑设计方案、结构施工方案、专项风险工程、交通影响范围和疏解方案、管线影响范围和迁改方案进行可视化沟通、交流、讨论和决策的 BIM 手段，最后形成初步设计模型和应用数据"，这是属于(　　　)阶段。

A. 可行性研究阶段　　　　　　　　B. 初步设计阶段

C. 施工图设计阶段　　　　　　　　D. 施工准备阶段

3. 机电深化设计是属于(　　　)的工作内容。

A. 可行性研究阶段　　　　　　　　B. 初步设计阶段

C. 施工图设计阶段　　　　　　　　D. 施工准备阶段

4. 关键复杂节点工序模拟是属于(　　　)的工作内容。

A. 可行性研究阶段　　　　　　　　B. 初步设计阶段

C. 施工图设计阶段　　　　　　　　D. 施工准备阶段

5. (　　　)利用 BIM 数据集成平台，在创建虚拟现场的基础上，结合 GIS、物联网、移动互联等技术开展标准化管理、进度管理等方面的应用，实现对工程项目的可视化掌控和精细化管理。

A. 初步设计阶段　　　　　　　　　B. 施工图设计阶段

C. 施工准备阶段　　　　　　　　　D. 施工阶段

二、多项选择题

1. 初步设计阶段 BIM 的应用内容有(　　　)。

A. 设计方案可视化　　　　　　　　B. 控制因素分析

C. 设计方案比选　　　　　　　　　D. 换乘方案分析

E. 交通疏解与管线改迁

2. 初步设计阶段中设计方案可视化的交付成果有(　　　)。

A. 初步方案模型　　　　　　　　　B. 模拟视频

C. 三维图　　　　　　　　　　　　D. 设计方案报告

3. 施工图设计阶段中设计进度和质量管理的交付成果有(　　　)。

A. 项目级 BIM 标准　　　　　　　　B. 质量管理表

C. 进度计划表　　　　　　　　　　D. BIM 模型成果

4. 机电深化设计的具体应用包括如下(　　　)。

A. 分析管线排布

B. 制定支吊架方案，并导出综合支吊架图

C. 关键工序方案分析，并进行施工工序排布模拟

D. 进行校审，修改后输出成果

5. 施工阶段 BIM 总体管理包括(　　　)。

A. 标准化管理　　　　　　　　　　B. 进度管理

C. 质量管理　　　　　　　　　　　D. 安全风险管理

E. 验收管理　　　　　　　　　　　F. 成本管理

G. 重要部位和环节条件验收管理

参考答案

单项选择题

1. A　　2. B　　3. D　　4. D　　5. D

多项选择题

1. ABCDE　　2. ABD　　3. AD　　4. ABCD　　5. ABCDEFG

第 5 章　案例实践

本章导读

　　本章以北京城市轨道交通 19 号线一期工程及兰州轨道交通工程 1 号线东方红广场站的 BIM 应用为案例。通过对案例工程规模、BIM 应用目标、组织模式、应用内容等总结，论述了线路级全生命期 BIM 实施的方式和方法以及站点级单阶段 BIM 实施的方式和方法，对读者在不同条件下开展 BIM 应用提供参考。

5.1　北京轨道交通 19 号线一期

5.1.1　工程概况

北京地铁 19 号线一期工程，南起丰台区新宫站，北至海淀区牡丹园站，长约 22.4km，全部为地下线。共设 10 座车站，分别为牡丹园站、北太平庄站、积水潭站、平安里站、金融街站、牛街站、右安门外站、草桥站、新发地站、新宫站，设车辆段一座。该线路站间距大，速度目标值高，采用 A 型车 8 节编组，全线最高速度 120km/h，是一条穿越中心城的大运量南北向快线。线路穿越中心城区，多次下穿既有线，途经道路狭窄、管线密集地区，线路埋深大，风险性高；工程施工作业面多、工程量大、工期以及施工场地紧张，整体部署、资源调配及项目管理难度大。因此将 BIM 与工程自身特性相结合，提升城市轨道交通建设全生命期总体管控和系统集成能力，是改线 BIM 应用的核心。

5.1.2　BIM 应用目标

建立较为完善的数字城市轨道交通建设与管理体系，包含数据的采集标准和管理办法，数据的集成方式与平台工具，数据的各阶段应用方法，以提高建设管理水平和轨道交通建设质量，目标示意图如图 5.1.2 所示。最终形成地铁 19 号线一期三维数据库，用于设计进度、质量管理，施工进度、质量、安全、计量管理以及后续的运营资产管理、设施设备维护等工作，为轨道交通信息化管理水平的提升打下良好基础。

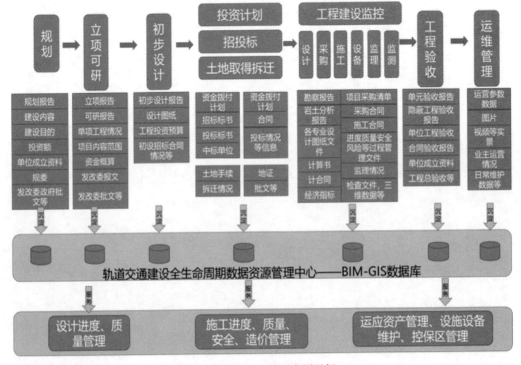

图 5.1.2　BIM 应用目标

项目在开展过程中，不同建设阶段的 BIM 应用目标如下：

1. 设计阶段

实施一系列可落地、可持续的 BIM 应用，以提高设计质量，提高方案决策效率，实现设计协同管理为目标，为后期施工奠定 BIM 模型数据基础。

2. 施工阶段

致力形成以模型数据为基础、进度管理为主线、安全风险管理为重点、投资控制为目标、管理平台为工具的创新管理体系，以实现施工全过程的数字化管理。

3. 竣工阶段

实现 BIM 与竣工验收相结合，实现基于 BIM 的竣工验收全过程数据的采集、集成、归档，保证数据的可追溯性，为后期运维提供数据服务。

4. 运维阶段

实现 BIM 与资产管理相结合，基于 BIM 集成设施、设备编码等运维管理信息，在运维阶段解决设备巡检频率僵化、资产盘点效率低下、控制保护区管理等问题。

5. 大数据分析

通过数据的长期积累形成轨道交通建设数据库，通过大数据分析指导后续线路的建设和运营。

5.1.3 组织模式

BIM 组织体系覆盖建设单位、BIM 总体、线路设计总体、工点设计、土建施工、设备供应商、设备安装等各个专业。建立了以建设单位为主导、以 BIM 总体单位为主体、各参建方协助的管理体系，组织架构如图 5.1.3 所示。

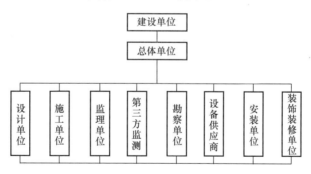

图 5.1.3　北京地铁 19 号线一期组织架构

其中，各个单位的职责分工如下：

1. 建设单位

1）明确工程建设各阶段 BIM 应用目标；

2）建立组织架构和 BIM 应用管理体系；

3）在勘察、设计、施工、监理及设备采购等相关招标文件中，明确 BIM 工作内容和技术要求；

4）制定 BIM 交付成果审核机制和激励措施，规范、督促和引导各参建单位的 BIM 应用工作；

5）对各阶段、各参建单位的 BIM 交付成果进行审核、管理和归档；

6）组织相关单位审核竣工验收模型与工程实体、竣工图纸的一致性，并向运营单位和政府主管部门移交竣工验收模型。

2. BIM 总体单位

1）建立包含模型创建要求、各阶段模型创建内容和模型细度、各阶段模型应用与交付要求、模型与文件管理等的 BIM 技术标准；

2）建设 BIM 数据集成与管理平台，满足各参建单位协同工作需求，辅助工程建设管理；

3）根据 BIM 数据集成与管理平台运行的需求，建立配套的硬件和网络环境；

4）组织管理本项目的 BIM 实施，收集并审核各参与方的 BIM 模型成果和 BIM 应用成果；

5）对各参与方的 BIM 工作进行指导，提供技术支持。

3. 设计总体单位

1）根据建设单位 BIM 技术标准要求监督落实各设计单位 BIM 技术在项目中的应用；

2）在工程可行性研究阶段、初步设计阶段和施工图设计阶段，开展优化设计方案、提高设计质量的 BIM 应用工作；

3）汇总管理范围内各工点设计方的 BIM 模型，整合后分工点向 BIM 总体单位提交包含土建、设备、信号等各专业的最终 BIM 模型成果；

4）参与竣工验收模型与工程实体、竣工图纸的一致性审核工作。

4. 工点设计单位

1）根据建设单位 BIM 技术标准要求创建设计模型；

2）在工程可行性研究阶段、初步设计阶段和施工图设计阶段，开展优化设计方案、提高设计质量的 BIM 应用工作；

3）根据工程和企业自身需要，研究建立基于 BIM 的协同设计工作模式；研究基于 BIM 的辅助设计工具，提高 BIM 应用工作效率；

4）参与竣工验收模型与工程实体、竣工图纸的一致性审核工作。

5. 施工单位

1）根据建设单位 BIM 技术标准要求，结合工程设计方案、施工工法与工艺及项目管理要求完善施工图设计模型，形成施工模型；

2）利用施工模型完善施工方案、指导现场施工；

3）建设 BIM 数据集成与管理平台对施工进度、质量、安全、成本等进行管理；

4）按照建设单位 BIM 技术标准创建竣工验收模型。

6. 监理单位

1）根据建设单位 BIM 技术标准要求，审核施工过程模型信息与施工现场的一致性；

2）参与审核竣工验收模型与工程实体、竣工图纸的一致性；

3）利用 BIM 数据集成与管理平台辅助施工监理工作。

7. 第三方监测单位

1）按照建设单位 BIM 技术标准要求创建监测点模型并提供相关信息；

2）使用移动端设备进行风险巡视。

8. 勘察单位

1）根据建设单位 BIM 技术标准要求创建地质模型和场地模型；

2）利用模型检查、核实地质勘察和周边环境调查资料的可靠性、完整性。

9. 设备供应商

根据建设单位 BIM 技术标准要求，提供适用于日常管理的设备简化模型或适用于检修的设备精细化模型。

5.1.4 软硬件环境

5.1.4.1 软件环境

项目开展过程中使用的软件如下：

建模软件：Revit，Autodesk 3Ds Max，DYNAMO Sutdio；

渲染软件：Navisworks，Fuzor Ultimate，Lumion；

管理平台：BIM 协同工作平台，BIM 数据集成与管理平台。

5.1.4.2 硬件环境

北京地铁 19 号线一期购置了以下硬件满足 BIM 应用以及 BIM 管理平台使用的需求，如表 5.1.4.2 所示。

硬　件　配　置　　　　　　　　　　　　　　表 5.1.4.2

项目种类	用途	单位	数量	备　注
服务器	数据库及 BIM 平台运行	台	3	Intel Xeon E7 4870 512G 内存
图形工作站	建模及 BIM 平台使用	台	若干	每个项目部要求 2～3 台，I7-6800CPU＋NVIDIA GTX1070 显卡
移动展示大屏	BIM 调度会各方演示汇报	台	1	Intel Xeon E5-1620，16G 内存，64 寸
项目部展示大屏	项目部自行配置	项	若干	采用 12 台 55 寸 LCD 高清屏幕拼接，拼缝 3.5mm，尺寸 4m×1.8m
PAD 移动终端	现场风险巡视和隐患排查	台	若干	安卓版 Pad 32GB
专用网络设施	平台对外网络服务	M/s	50	50M 独享带宽

5.1.5 应用内容

5.1.5.1 应用标准和配套管理办法

1. 标准建设目的

根据北京市轨道交通工程 BIM 技术应用需求制定北京城市轨道交通工程 BIM 实施导则。导则能够满足项目各参与方在应用过程中的信息沟通和协调，交付完备的竣工验收模型供运营维护阶段使用。

实施导则包括以下内容：

1）BIM 应用总体技术方案：旨在发挥 BIM 核心价值，明确业主方和参与方的协作组织关系和职责分工，指导参与方在项目各个阶段的工作内容和流程，制定保障性措施。方案是北京地铁 19 号线一期工程 BIM 技术应用的纲领性文件，项目所有参与方须共同遵循方案中的规范。

2）BIM 应用总体管理方案：旨在提出 BIM 技术应用过程的管理要求，明确管理目标、管理对象、管理内容和管理流程。

3）BIM 应用系列标准

（1）《BIM 应用实施标准》：旨在指导和规范工程各参与方在 BIM 实施过程中的权限设定、对象参数化、协同设计、模型应用、模型深化等技术方法及流程，提高项目各参与方的 BIM 实施效率；

（2）《构件库创建及管理标准》：旨在实现北京市轨道交通建筑信息模型数据的统一和共享，形成北京市轨道交通全专业标准化的 BIM 构件库，该构件库内嵌于北京城市轨道交通 BIM 数据集成与管理平台供建设、设计、施工等参与方调取使用，并为后期运营维护阶段的资产管理应用奠定基础；

（3）《BIM 建模指导意见》：为保证各参与方独立建立的模型最终能够组成一个完整无误的整体，以及后期 BIM 应用能够顺利开展，需要对所用采取坐标系、具体建模方法等做统一规定。本部分内容为使用 Autodesk Revit 的各参与方提供指导意见。

2. 标准编制与工程配套

为适应工程阶段需求，导则的编制按初步设计、施工图、施工三阶段实施，构件库标准进行统一规定，如图 5.1.5.1-1 所示，内容如下：

1）《北京城市轨道交通工程 BIM 实施导则（初步设计阶段）》：主要包括初步设计阶段 BIM 应用目标、BIM 工作原则、管理要求、技术实施要求和建模指导意见等；

2）《北京城市轨道交通工程 BIM 实施导则（施工图设计和施工阶段——土建专业）》：主要包括施工图设计阶段和施工阶段土建专业的 BIM 应用目标、BIM 工作原则、管理要求、技术实施要求和建模指导意见等；

3）《北京城市轨道交通工程 BIM 实施导则（施工图设计和施工阶段——设备与装修专业）》：主要包括施工图设计阶段和施工阶段设备与装修专业的 BIM 应用目标、BIM 工作原则、管理要求、技术实施要求和建模指导意见等；

4）《北京城市轨道交通 BIM 构件库创建标准》：主要包括构件专业分类创建、构件存储格式、构件模型深度、构件命名原则、构件创建流程和方法及构件检验等。

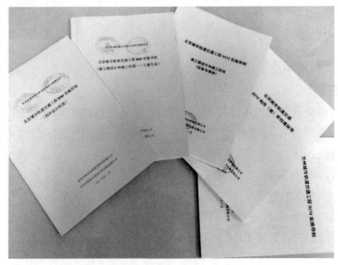

图 5.1.5.1-1　BIM 标准

3. 配套的管理办法

为保障 BIM 工作的实施，确保 BIM 标准、BIM 应用及各项工作任务的完成，建设单位出台了一系列的配套管理办法。

1）二维设计图纸与三维 BIM 模型同步提交工作

办法要求各设计单位在提交二维设计图纸的同时，提交与图纸一致的 BIM 模型。同时，项目管理中心在组织施工图预审中，加入 BIM 模型的预审（附施工图设计阶段 BIM 模型预审记录表及回复表），BIM 模型的预审不改变原有施工图预审流程。管理办法和流程如图 5.1.5.1-2 和图 5.1.5.1-3 所示。

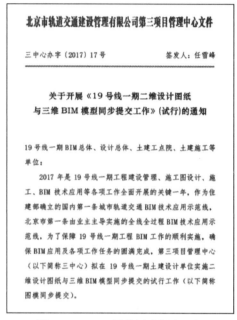

图 5.1.5.1-2　图模同步提交通知

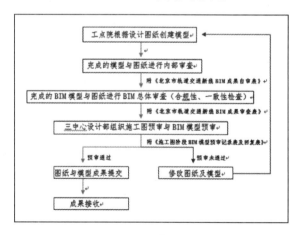

图 5.1.5.1-3　图模同步提交流程

2）BIM 应用工作纳入履约考评

要求各设计单位继续贯彻执行"图模同步提交"工作，并逐步在机电设备专业、装修专业中陆续开展；加强履约管理，将 BIM 工作纳入设计履约考评工作中，进一步加强 BIM 工作进度、质量、人员管理。在方案汇报、施工图预审、设计变更审查等日常工作汇报中，要求使用 BIM 技术成果辅助汇报；加强例会制度，建立双周例会工作制度，保证工作落实。

要求施工单位加大人员保障，加强 BIM 负责人及各专业人才队伍建设；实行履约挂钩，将施工 BIM 应用工作纳入对施工单位的履约考评工作中；加强例会制度，建立双周例会工作制度，保证工作落实文件示意如图 5.1.5.1-4 和图 5.1.5.1-5 所示。

图 5.1.5.1-4　2018 年深入推进 BIM 通知　　　图 5.1.5.1-5　履约评价

5.1.5.2　BIM 数据集成与管理平台

BIM 数据集成与管理平台的总体目标为在设计、施工、运维全生命周期各阶段建设和应用 BIM，对地铁建设空间几何信息、空间功能信息、施工管理信息、设备等各专业数据信息进行集成与一体化管理，形成的三维基础数据库系统，在此基础上进行设计、施工和运维的需求，重新改变集成后数据的组织方式，为各项 BIM 应用输出数据。

平台的基础功能模块实现对三维场景放大、缩小、平移、点选、框选、三维量测、坐标转换、漫游、飞行等基本功能；支持 BIM 模型信息的定位及综合查询。支持与主流数据库通过 ID 关联，便于信息管理；业务功能模块实现对前期工程、进度管理、安全管理、风险管理等方面的在线管理功能。

1. 基本功能

平台的基本功能如表 5.1.5.2-1 所示。

BIM 数据集成与管理平台基本功能表   表 5.1.5.2-1

功能名称	功能介绍
漫游	漫游：在平台三维主界面中进行漫游浏览，默认无重力飞行状态，可以穿越地面及建（构）筑物墙体  行走：鼠标单击以系统设定的速度，在第一人称视角下沿直线前进，默认无重力状态，无法穿越地面，可穿越建（构）筑物墙体  选取：通过选取查看模型要素属性信息、周边建筑风险属性信息、Revit 自带属性信息等 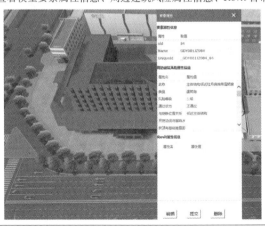 俯视：将视角切换至俯视视角浏览模型

功能名称	功能介绍
漫游	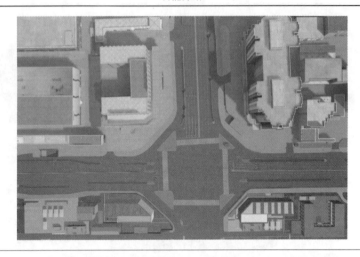
剖切测量	体剖切：绘制立方体，剖切模型，仅显示立方体内部的模型  面剖切：拾取模型表面，剖切模型，仅显示剖切面正方向上的模型，可以拖动方向轴改变剖切范围  保存剖切：在左侧结构树以"临时对象"保存面剖切和体剖切的成果，双击已保存的剖切对象可实现剖切位置的自动定位

功能名称	功能介绍
剖切测量	 水平测距：测量两点之间的水平距离  垂直测距：测量两点之间的垂直距离 直线距离测量：测量两点之间的直线距离 坐标测量：显示选中点的 X、Y、Z 坐标值  面积测量：绘制平面几何形状，自动测算其面积

续表

功能名称	功能介绍
剖切测量	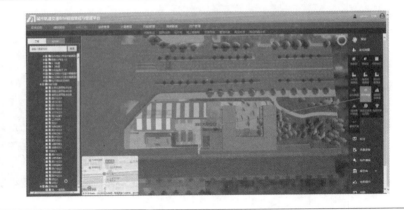
场景录制	视口记录：记录当前浏览视口并保存至左侧结构树，通过双击已保存的视口可实现视口任意切换
	动画录制：点击三维窗口下方的红色录制按钮，录制漫游视频 
	导出图片：导出当前视口下的高清图片
	导出视频：导出动画录制功能所录制的视频文件
模型库	平台内嵌多专业轻量化模型库，支持加载到任意项目中使用   

功能名称	功能介绍
构建编辑	复制：复制当前选中的模型
	移动：通过选择鼠标左键持续按住 XYZ 三轴，XY、YZ、ZX 面，移动模型库中添加的模型
	旋转：通过选择鼠标左键持续按住 XYZ 三轴，XY、YZ、ZX 面，旋转模型库中添加的模型
	缩放：通过选择鼠标左键持续按住 XYZ 三轴，XY、YZ、ZX 面，缩放模型库中添加的模型

视图	进行主页窗口视图的最大化、标准化和三维场景的全屏操作，控制平台左下方鹰眼地图的开关及三维场景天空盒的显隐
关注点设置	场景添加小旗图标，标注具体关注问题的空间位置，填写问题描述，并安排人员后续处置

功能名称	功能介绍
标注功能	文字标注：在三维场景内进行文字标注，高亮显示 
视图	图片标注：在三维场景内进行图片标注，高亮显示 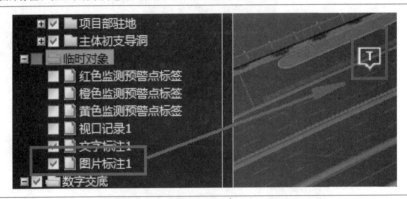 线框标注：在三维场景内进行线框标注，高亮显示  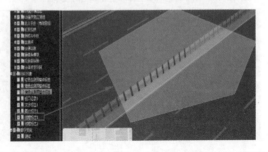

2. 业务功能

平台的业务功能如表 5.1.5.2-2 所示。

BIM 数据集成与管理平台业务功能表

表 5.1.5.2-2

功能名称	功能介绍
虚拟现场	主要机械数据录入：支持施工单位将主要机械录入到相应的标段和工区  主要材料录入：支持施工单位将主要材料录入到相应的标段和工区  现场施工人员录入：支持施工单位将现场施工人员录入到相应的标段和工区 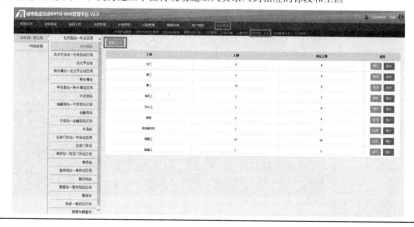

功能名称	功能介绍
虚拟现场	现场管理人员录入：支持施工单位将现场管理人员录入到相应的标段和工区 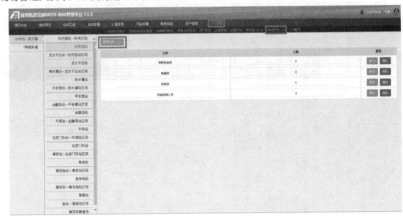 工点概况录入：支持施工单位将工点概况录入到相应标段 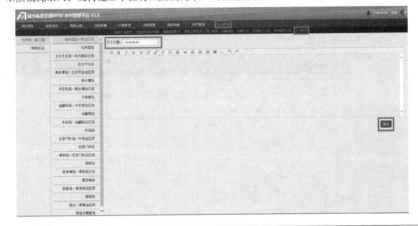 虚拟现场信息查看：三维视图查看现场模型信息，在数据显示区可查看人机料数据信息 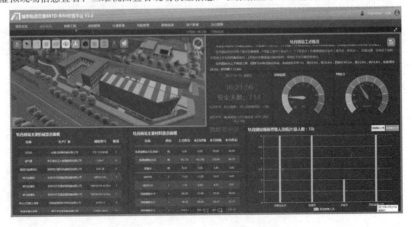

功能名称	功能介绍
前期工程	房屋拆迁：支持施工单位填报房屋拆迁信息，并与三维模型相链接  征占地：支持施工单位填报征占地信息，并与三维模型相链接，或直接手动绘制征占地范围 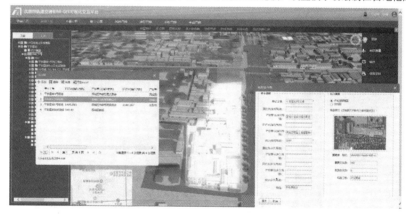 园林伐移：支持施工单位填报园林伐移的信息，并与三维模型相链接，或直接手动绘制园林伐移的范围 

功能名称	功能介绍
前期工程	地上物移除：支持施工单位填报被移除地上物的信息，并与三维模型相链接 交通导改：支持施工单位填报交通导改方案信息，并与三维模型相链接 管线改移：支持施工单位填报待改迁市政管线的信息，并与三维管线模型相链接 

功能名称	功能介绍
前期工程	商业补偿：支持施工单位填报商业补偿信息，并与三维模型相链接  周边风险分析：支持施工单位填报工程周边风险信息，并与三维模型相链接 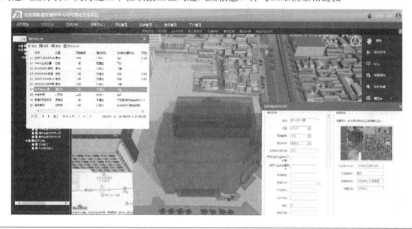
方案分析	利用三维场景展现设计方案并进行方案分析，充分展示城市轨道交通与周边环境的空间关系、出入口位置等关键因素，进行方案沟通交流 

续表

功能名称	功能介绍
进度管理	基础设置：筛选参与进度管理的模型图层，过滤掉不需要的地上环境、市政管线、地质结构等图层 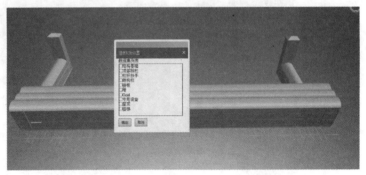
	计划进度设置——线性构件进度设置：适用于线性工程的进度展示，通过鼠标拾取构件，设置其计划开始时间、计划结束时间，工作方向、总工作量等进度信息 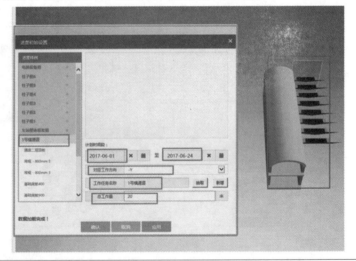
	计划进度设置——独立构件进度设置：适用于单项工程的进度展示，通过鼠标拾取构件，设置计划完成时间等进度信息 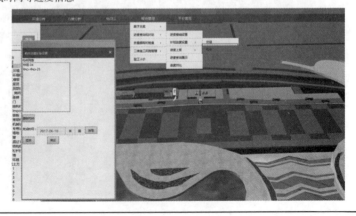

续表

功能名称	功能介绍
进度管理	实际进度上报——线性构件进度上报：适用于线性工程的进度展示，选择构件上报当日完成量 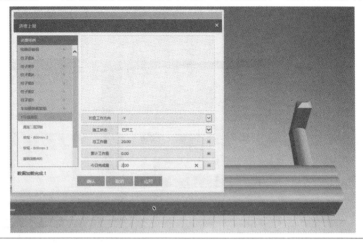 实际进度上报——独立构件进度上报：适用于单项工程的进度展示，选择构件上报实际完成时间 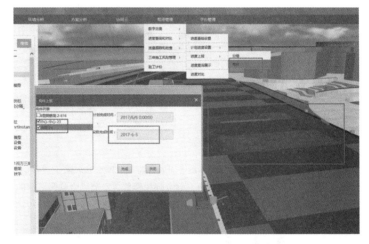 进度对比：进行计划进度、实际进度、计划与实际进度的延时间轴对比（模型和工作量统计值随时间轴动态变化） 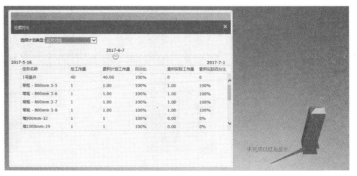

功能名称	功能介绍
质量辅助管理	通过移动端（PAD、手机）将现场发现的工程质量问题与 BIM 模型关联，形成质量管理事件并录入平台，实现工程质量的实施搜集和处理。将工程质量信息与 BIM 模型挂接，从而实现质量问题的可追溯 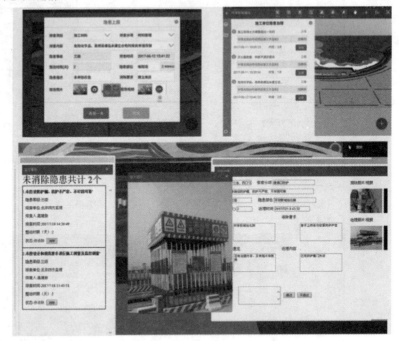
安全管理	根据施工安全风险管理体系增加风险监测点模型和风险工程等信息，建立安全风险管理模型。利用 BIM 数据集成与管理平台建立环境模型与安全风险监测数据的关联关系，实现对施工安全风险的可视化动态管理 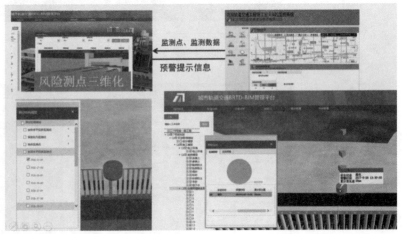

功能名称	功能介绍
计量管理	通过对算量模型创建方法的规范，利用轨道交通 BIM 数据集成与管理平台，实现精准、快速计量为核心的工程造价管理 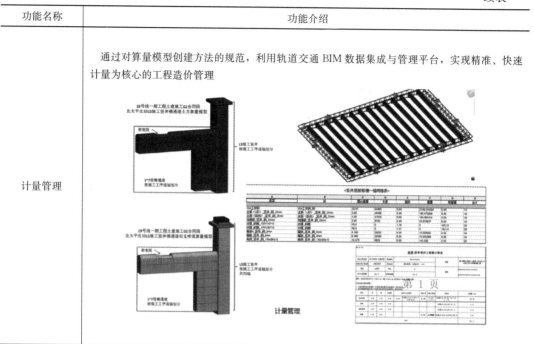

3. 移动端功能

移动端主要用于施工现场隐患排查和风险巡视业务，业务功能如表 5.1.5.2-3 所示。

移动端业务功能表

表 5.1.5.2-3

功能名称	功能介绍
项目空间管理	系统划分不同的项目空间，登录后点击进入相应的项目

功能名称	功能介绍
隐患排查	隐患上报：巡视过程中未发现隐患问题直接点击提交；若发现隐患问题点击隐患上报，并上报排查项目、内容、隐患等级等内容 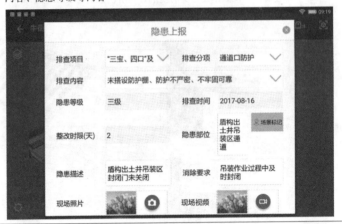 隐患治理：施工单位完成现场安全质量隐患整改后进行隐患治理结果的上传 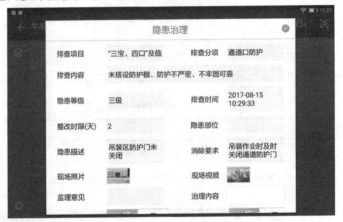 隐患排查历史查询：支持过往隐患排查历史查询 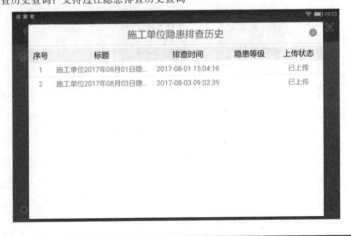

功能名称	功能介绍
风险巡视	巡视条目上报：巡视过程中未发现问题直接点击提交；若发现问题点击巡视条目状态上报，并上报安全状态、巡视位置标注、情况描述、现场照片/视频等内容  预警处理：施工单位进行预警处置完成后上报处置结果 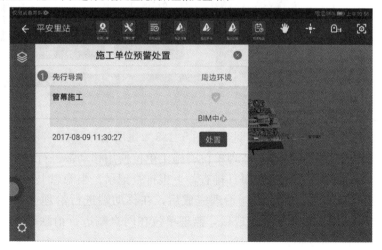

续表

功能名称	功能介绍
风险巡视	巡视记录查询：支持过往巡视记录查询

1) 隐患排查业务流程说明，见图 5.1.5.2-1 所示。

隐患排查由建设单位、监理单位、施工单位使用移动端进行日常的排查操作，其中监理单位和施工单位要求进行每日排查，上报排查记录；当隐患上传后，施工单位在移动端接收上报的隐患并进行治理，治理完成后，在移动端进行治理上报（治理内容、治理照片、录像）；施工单位治理完成后，监理单位在网页端进行消除确认，消除不通过的，重新治理，消除通过后，隐患封闭。

2) 风险巡视业务流程说明，见图 5.1.5.2-2 所示。

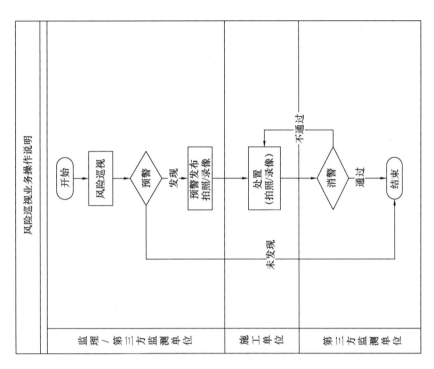

图 5.1.5.2-2 风险巡视流程

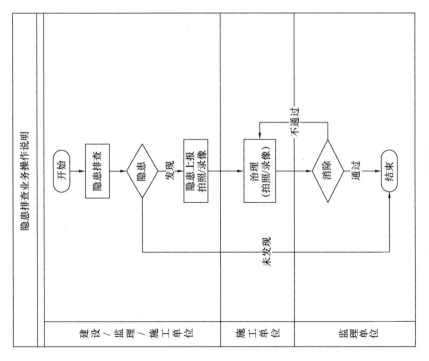

图 5.1.5.2-1 隐患排查流程

风险巡视由监理单位、第三方监测单位使用移动端进行日常的巡视操作，其中监理单位和第三方监测单位要求进行每日巡视，上报巡视记录；当发现巡视预警后，进行巡视预警发布；施工单位在移动端接收巡视预警并进行处置，处置完成后，在移动端进行处置上报（处置内容、处置照片、录像）；施工单位处置完成后，监理单位在网页端进行消警确认，消警不通过的，重新处置，消警通过后，预警封闭。

4. 平台配套管理办法

本管理办法在已下发的 BIM 实施导则《北京城市轨道交通工程 BIM 实施导则》（初步设计阶段）、（施工图设计和施工阶段（土建专业））、（施工图设计和施工阶段（设备和装修专业））的基础上，通过分析 BIM 在北京城市轨道交通建设管理的应用需求，开发研制出 BIM 数据集成与管理平台（以下简称"管理平台"）。本办法作为管理平台上线使用的配套管理办法，用来规定 19 号线一期工程各参与方的日常使用要求，示意如图 5.1.5.2-3 所示。

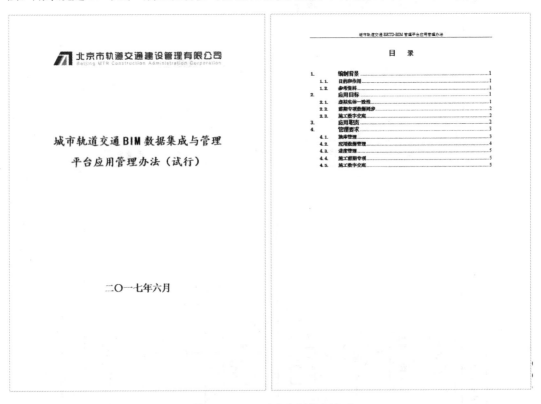

图 5.1.5.2-3 平台应用管理办法

本阶段的 BIM 技术的应用目标是：

（1）虚拟和实体的一致性，能够在管理平台中准确、及时地反映实体现状，时间周期至少达到周，即实现按周的进度管理。

（2）施工前期专项的数据同步，能够在管理平台中准确、及时地反映施工前期八大专项进展，并进行全线统计。

（3）施工过程的数字交底，能够在管理平台中关联技术交底资料（复杂工序、特一级风险工程、关键节点），推动基于 BIM 的模型、视频、图档资料等全方位多形式的数字交底。

5.1.5.3　应用点

BIM 在北京地铁 19 号线一期中的应用可分为两个方面：设计阶段的应用实践和施工阶段的应用实践。

1. 设计阶段的应用实践

1）协同设计管理

通过 BIM 协同工作平台，保证北京地铁 19 号线一期实施中的各种技术资料及信息得到有效采集与管理，文件版本进行合理控制，达到 BIM 模型和图纸等数据的有效性、唯一性、完整性和及时性；保证工点 BIM 模型方便、实时的浏览、查阅与审核，协同平台示意如图 5.1.5.3-1 所示。

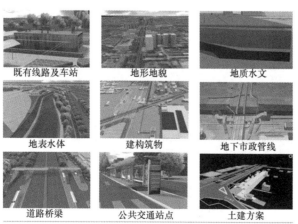

图 5.1.5.3-1　BIM 协同工作平台

在协同平台数据采集成果的基础上，利用插件导出轻量化模型，集成至 BIM 数据集成平台中，完成数据集工作，方便数据查询、管理等基础应用，并为建设、运维各种管理平台留有接口，进行数据对接。

2）环境、地质、土建方案建模及集成

根据勘察资料、地形图、地下市政管线图，采用统一坐标系构建全线环境模型。建模范围为：车站边界 200m 范围内、区间边界外 100m 范围；建模精度为：车站周边建筑模型精度 0.1m，区间周边建筑模型精度 0.2m。同时集成地质模型和建筑、结构模型，示意如图 5.1.5.3-2 所示。

既有线路及车站	地形地貌	地质水文
地表水体	建构筑物	地下市政管线
道路桥梁	公共交通站点	土建方案

图 5.1.5.3-2　环境、地质、土建方案建模

3）环境调查资料核查

对地上建（构）筑物环境、地下管线进行建模、核查，保证模型和实际的一致性（分析报告形式），为后续施工提供基础。北京地铁 19 号线一期通过模型对市政管线调查资料进行检查，发现管线标高错误、断头管线、管线标高缺失、管线尺寸缺失、管井尺寸缺失共 5 类错误，总计 140 余处，示意如图 5.1.5.3-3 所示。

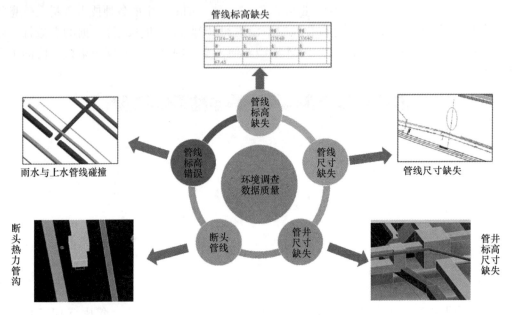

图 5.1.5.3-3　环境调查资料核查

4）设计图纸质量检查

通过建模过程、结合平台二三维联动审核，检查图纸错误。如 19 号线一期某车站 BIM 建模过程中发现不同图纸中对同一风道尺寸描述不一致，及时进行改正纠错。示意如图 5.1.5.3-4 所示。

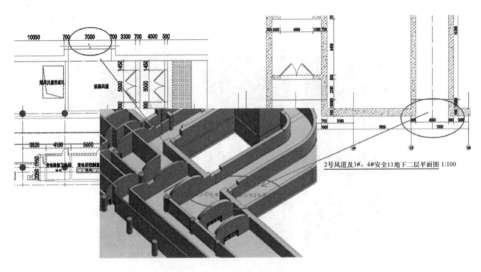

图 5.1.5.3-4　设计图纸质量核查

5）设计变更辅助汇报

设计变更审查利用 BIM 进行辅助汇报。示意如图 5.1.5.3-5 所示。

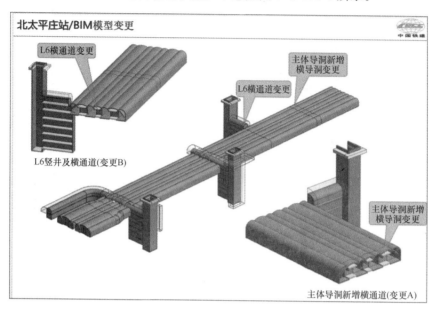

图 5.1.5.3-5　设计变更辅助汇报

6）附属方案辅助汇报

附属设计方案利用 BIM 辅助汇报。示意如图 5.1.5.3-6 所示。

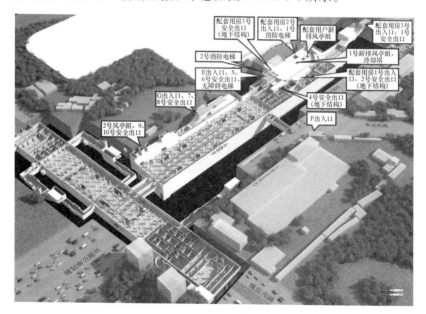

图 5.1.5.3-6　附属方案辅助汇报

7）特、一级风险源方案模拟

穿越特、一级风险源处进行详细工序模拟，从而提前发现问题，优化实施方案。示意如图 5.1.5.3-7 所示。

图 5.1.5.3-7　特级、一级风险源方案模拟

8）换乘方案模拟

利用 BIM 可视化的特点，对车站换乘方案进行可视化展示，使项目方案的沟通、讨论、决策在可视化的三维场景下进行。示意如图 5.1.5.3-8 所示。

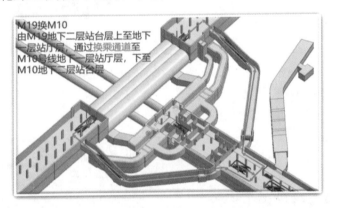

图 5.1.5.3-8　换乘方案模拟

9）管线综合辅助设计、净高检查

进行三维管线综合排布，碰撞检查，实现以三维管线综合为主、二维管线综合为辅。示意流程如图 5.1.5.3-9 所示。

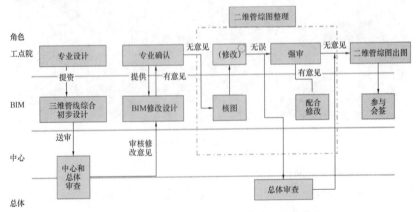

图 5.1.5.3-9　管线综合辅助设计、净高检查

10）协同设计

BIM 模型由各专业（建筑（幕墙、屋面种植、景观设计、室内装修）、结构（钢结构、土建结构）、通风、机电、给排水、通信、供电等）共同搭建，基于同一模型的协同设计提高了设计质量和效率。示意如图 5.1.5.3-10 所示。

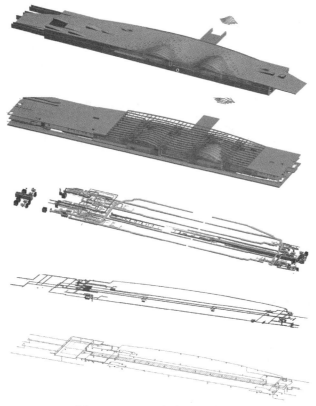

图 5.1.5.3-10　各专业协同设计

2. 施工阶段的应用实践

1）**虚拟现场建设**

保证模型与现场一致性的情况下，进行临建、维护结构、主体结构等模型的建立。示意如图 5.1.5.3-11 所示。

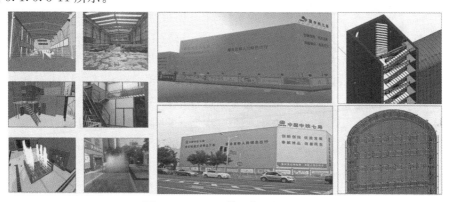

图 5.1.5.3-11　模型与现场一致

2）临建族库积累

在模型建立过程中不断积累设备设施参数化族库。示意如图 5.1.5.3-12 所示。

图 5.1.5.3-12　族库模型

3）三维施工交底

利用 BIM 技术可视化的优势，将复杂节点或工序以三维插图及动画的形式进行可视化三维施工技术及特级风险源施工交底。示意如图 5.1.5.3-13 和图 5.1.5.3-14 所示。

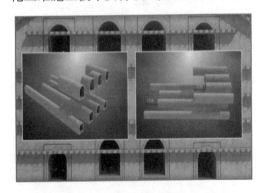

图 5.1.5.3-13　PBA 八导洞施工工艺模拟

图 5.1.5.3-14　锁口圈梁三维技术交底

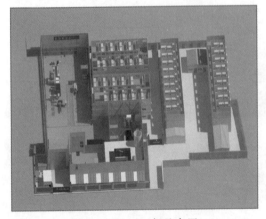

图 5.1.5.3-15　场地布置

4）场地布置优化

项目部采用 BIM 技术，通过三维模型，对施工场地进行科学合理的规划，包括生活区及施工区的配电棚、砂石料库、格栅堆放区、渣仓等，快速有效地对场地进行布置，提高了场地的利用率，减少二次搬运产生的成本。也通过输出二维图纸及工程量清单，直接指导现场施工。示意如图 5.1.5.3-15 所示。

5）碰撞检测

轨道交通工程周边地下管线数量庞大、

错综复杂，为了保护地下管线在施工中的安全，某项目部采用 BIM 技术，在开工之前严格按照管线勘测数据进行现场调查核实后，建立本标段管线综合 BIM 模型，然后与项目 BIM 施工模型进行碰撞检测，共检测出 66 处碰撞点。以此检测结果为基础制定优化方案，极大地降低了施工风险，并节省工期 28 天。示意如图 5.1.5.3-16 所示。

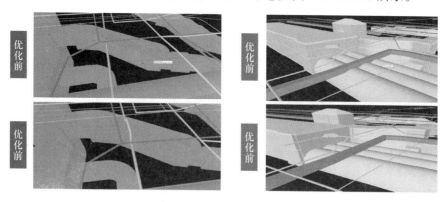

图 5.1.5.3-16　碰撞检测

6) 图纸会审

基于 BIM 模型，多方共同对图纸进行审核，发现错误碰撞点，进行优化，形成图纸会审记录。会审记录表示意如图 5.1.5.3-17 所示。

图 纸 会 审 记 录

表C2-4			编　号	
工程名称	地铁19号线一期工程 牡丹园站		日　期	2017.7.18
地　点	车站主体初支结构		专业名称	结构
序号	图　号	图纸问题		图纸问题交底
1	BJM19-SS-310-02-02-01-JG-028	A节点预埋钢板上小导洞一侧使用与格栅主筋相同规格的U型筋与其双面焊，焊缝长度为5d，甩头钢筋长度为露出混凝土面30cm，不影响小导洞土方开挖，预留U型筋采用单面搭接焊与后期边拱连接。		可以
2	BJM19-SS-310-02-02-01-JG-029	在保证车站主体初支正常施工情况下，拱顶与管线普查内的电力隧道发生碰撞，为避免施工，是否需对车站主体初支进行修改		是
3	BJM19-SS-310-02-02-01-JG-030	在保证车站主体初支正常施工情况下，车站出入口与管线普查内的电力管线发生碰撞，是否对其电力管线进行改移		是
4	BJM19-SS-310-02-02-01-JG-032	在保证相邻编号的施工导洞掌子面距离大于15m，横通道内开主体导洞马头门时，对侧导洞、相邻导洞斜对侧错距6～8m的情况下，是否可以优先施工上层边导洞。		是

图 5.1.5.3-17　图纸会审记录

7）工程量计算

地铁暗挖施工作业，施工工序转换较多，结构较为复杂，工程量巨大，尤其是钢筋种类繁多，传统手工计算和二维图纸算量，计算工作量大、并且容易出错，为了满足管理需要，在施工前，项目对施工部位的混凝土、土方、钢筋等工程量，利用 Revit 进行参数化建模，通过明细表导出相应工程量。通过与工程部、工经部计算的量进行多次对比，BIM 进行混凝土、土方计算更为精确，钢筋算量的误差在 3‰ 以内，计算速度约为原来的十分之一。示意如图 5.1.5.3-18～图 5.1.5.3-21 所示。

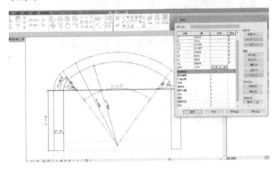

图 5.1.5.3-18　参数化建模

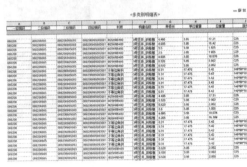

图 5.1.5.3-19　明细表

图 5.1.5.3-20　探讨误差

图 5.1.5.3-21　对比分析

8）应急疏散模拟

通过 BIM 模型可视化的特点，应用 Pathfinder 专业软件，进行应急疏散模拟，优化疏散路径及应急预案，确保应急预案的可实施性。示意如图 5.1.5.3-22 所示。

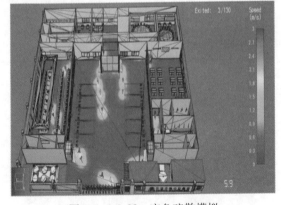

图 5.1.5.3-22　应急疏散模拟

9）BIM＋VR

项目部采用 BIM＋VR 虚拟现实技术，一是基于场景下的安全体验教育培训，对项目施工管理人员和进场劳务人员进行安全体验教育培训，目前已有综合用电、高空坠落、灭火、物体打击等十项安全体验。二是通过 BIM 模型，模拟可交互的三维环境，给人提供浸入式的体验。这样不仅可以让参与者在近乎真实的虚拟空间内，任意视角查看工程的整体概况、内部结构、各种信息与模型关系及施工竣工后的建筑真实漫游体验，而且可以进一步发现问题，针对问题进行优化调整，提高工程质量，避免施工过程中的返工。示意如图 5.1.5.3-23 所示。

图 5.1.5.3-23　VR 实验

10）基于 BIM 的智能化测量放样

智能化测量机器人与 BIM 模型结合，通过 BIM 模型精准的定位信息、测量数据的导入及现场测量放样的操作，可完成相关场地建设的测量放线工作，达到快速、精准测量的目的，为项目节约时间及成本，最终使项目达成断面智能化测量的功能。示意如图 5.1.5.3-24 所示。

图 5.1.5.3-24　智能化测量放样

11）BIM＋二维码

将二维码与 BIM 模型相关联，进行技术交底、安全巡检及设备管理。示意如图 5.1.5.3-25 所示。

 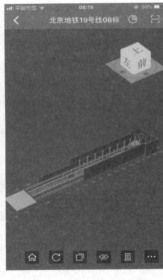 

图 5.1.5.3-25 扫描构建二维码可获得构件信息

12）基于 BIM 的三维激光扫描

利用三维激光扫描仪对暗挖车站导洞内部扫描，形成点云，逆向建模后与现有 BIM 模型进行三维对比，可达到快速检验施工质量的目的。示意如图 5.1.5.3-26 所示。

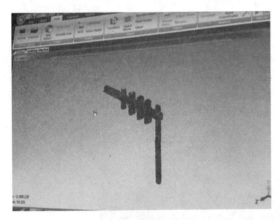

图 5.1.5.3-26 三维扫描获得的点云模型

5.1.5.4 实践经验

1. 管理模式

1）由 BIM 总体统一建设地上环境模型、统一坐标系统。既保障了整条线路的实施体系，又方便设计各方的 BIM 应用；

2）实施 BIM 模型成果二级审核制度，既保证了 BIM 模型的统一，又保障了 BIM 模型与二维图纸的一致性；

3）通过成果控制和过程检查的方式，提升设计质量。勘察成果方面，BIM 总体对三维市政管线模型的最终成果进行了规定，要求其坐标、高程准确且无管线碰撞问题，这就使得设计单位进行反推，检查勘察资料是否准确。设计图纸方面，现阶段的工作模式是二维设计人员与三维设计人员相分离，要求三维设计人员在根据二维图纸建模后提交二维设计人员审核，有问题返回三维设计人员修改，直至合格。最终提交成果包括设计模型及双方签字的自审单。

2. BIM-GIS 无缝结合的应用

传统的 BIM 应用多集中在车站单体本身，由于 BIM 技术尚不成熟，导致无法向整条线路拓展。本次 19 号线一期工程的应用将 BIM 技术与 GIS 技术进行了充分集成，发挥了 BIM 对于车站单体建模的微观优势和 GIS 作为整条线路数据整合的宏观优势。通过开发北京城市轨道交通 BIM 数据集成与管理平台，将 Revit、3Ds Max、CAD、影像数据、高程数据等多源数据在统一坐标系下集成，保证了各方不同格式数据的统一管理和应用。

3. 应用点

BIM 应用不局限与 BIM 技术本身，努力拓展与 GIS、VR、二维码、智能测量机器人、三维激光扫描等先进技术，涉及设计、施工管理的各个方面。

5.2 兰州轨道交通 1 号线东方红广场站

5.2.1 工程概况

兰州轨道交通 1 号线西起西固区石岗，东至城关区东岗镇，线路长约 34km，全线共设置 24 个车站，平均站间距 1478m。其中，一期工程东起城关区东岗镇，西至西固区陈官营，东西横贯中心城区，是兰州市从东向西的主干轨道交通线路，全线长约 26km，全部为地下线。东方红广场站是轨道交通 1、2 号线的换乘站，位于广场西口与东口之间庆阳路下，东端是兰州大学站，西端是省政府站，车站主体长度达 683.1m，总建筑面积 58150m²，建成后将是全国第三大地铁站。

本案例基于兰州轨道交通 1 号线一期工程东方红广场站开展 BIM 技术应用研究。

5.2.2 BIM 应用目标

兰州轨道交通 1 号线东方红广场站的 BIM 应用主要针对施工阶段，目标是基于 BIM 实现深化设计、工程筹划，提前发现施工过程中可能存在的问题，减少机电安装阶段返工、变更以及导致的窝工问题，从而有效的节约成本、缩短工期。

5.2.3 组织模式

兰州轨道交通工程建设过程中的 BIM 应用采用业主主导、BIM 总体管理、各方参与的组织模式，组织框架如图 5.2.3 所示。

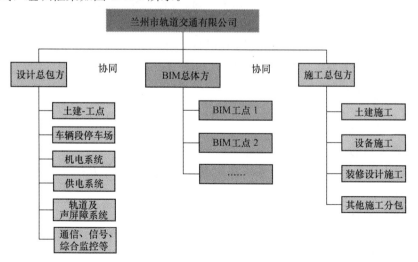

图 5.2.3 组织框架图

其中，各参与方的职责如下：

1. 业主

对项目的 BIM 技术应用提出需求，审核项目实施导则，接收项目成果，监督 BIM 总体及各 BIM 参与方的服务进程和质量。

2. BIM 总体

编制 BIM 实施导则、搭建 BIM 协同工作平台、开发构件库。组织管理本项目的 BIM 实施，统一组织建设与管理 BIM 模型成果和 BIM 应用成果，并不断进行补充完善。对各参与方的 BIM 工作进行指导、支持。

3. BIM 工点

在 BIM 总体方管理下，完成相应 BIM 建模及 BIM 应用工作。

4. 设计方总包方

按 BIM 实施导则要求，向 BIM 总体提交包含土建、设备、信号等各专业的设计成果；责任设计单位响应 BIM 实施方所提出的图纸疑问以及 BIM 应用过程中反馈问题，配合 BIM 技术应用工作的开展实施；及时复核、确认相关问题，并针对具体问题给出处理意见。

5. 施工总包方

按 BIM 实施导则要求，配合 BIM 实施方完成本项目施工（含装修、机电安装等专业分包）阶段的 BIM 模型成果和 BIM 应用成果。具体包括：提出 BIM 实施应用具体需求；过程中配合提供资料及现场情况；对 BIM 成果应用。

6. 设备供应商

按 BIM 实施导则要求，向 BIM 总体提交设备几何尺寸、参数信息及对应图纸等信息，协助 BIM 实施方建立模型。

5.2.4 软硬件环境

兰州轨道交通 1 号线软件配置如下：

建模软件：Revit，Autodesk 3Ds Max，DYNAMO Sutdio；

渲染软件：Navisworks，Fuzor Ultimate，Lumion；

管理平台：兰州轨道交通新线工程 BIM 协同工作平台。

硬件设施包括服务器、计算机、工作站、显示屏、移动端等。

5.2.5 应用内容

5.2.5.1 应用标准

1. 标准建设目的

明确建设方和各参与方的协作关系和职责分工，指导参与方在项目各个阶段的 BIM 工作内容和流程。

2. 标准主要内容

根据兰州市轨道交通建设管理公司关于兰州轨道交通规划、建设过程中的 BIM 应用要求，在深入调查国内同行业发展现状，各参与方 BIM 应用经验及二维与三维的协同工作习惯的基础上，制定《兰州市轨道交通工程 BIM 实施导则》（以下简称《导则》）。该

《导则》旨在发挥 BIM 核心价值，明确业主方和各参与方的协作组织关系和职责分工，指导参与方在项目各个阶段的工作内容和流程。

为了确保 BIM 模型信息及应用成果在兰州市轨道交通后续新线建设全过程中得到连续性传递，《导则》制定了一套面向于建设全生命期，并考虑后期运维的框架体系。

《导则》核心内容包括编制说明、术语和定义、BIM 管理要求、BIM 技术实施要求、BIM 建模指导意见等三部分。

其中《BIM 技术实施要求》作为《导则》的主要内容，规定了模型建设及归档要求、BIM 应用要求及管线综合实施标准和施工深化设计实施标准两项专项实施标准。管线综合 BIM 实施的流程如图 5.2.5.1-1 所示，检查的内容如图 5.2.5.1-2 所示。

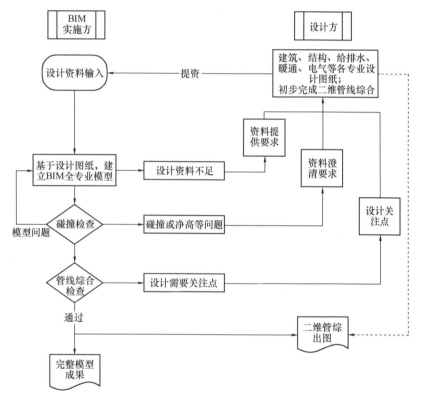

图 5.2.5.1-1　管线综合 BIM 实施流程

5.2.5.2　应用点

1. 设计方案优化

建立全专业模型，设计图纸协同优化，核对全专业图纸，解决对平面图中反馈不到的盲点及复杂区域直观展现，辅助设计。示意如图 5.2.5.2-1 所示。

2. 模型碰撞检查

利用 BIM 三维碰撞检测，核查所有碰撞点，形成碰撞报告。东方红广场站初次发现小碰撞 6000 余处，汇总整理为 43 个问题澄清。示意如图 5.2.5.2-2 所示。

3. 管线综合优化

1）合理优化管线检修空间，机电管线宜采用单侧布置留有检修空间，原则上对宽度

专业	序号	内容	说明
建筑结构专业	1	已完成的建筑施工图全面核对	
	2	专业间可能发生的各种碰撞校核	如室内与室外，建筑与结构和机电的标高等，重点是消防疏散梯、疏散转换口的复核
	3	梁、板、柱图纸审核	主要检查标高及点位
	4	现场已完成施工的结构条件与机电、内装碰撞点整合	如有
	5	变更图纸的复核	
设备专业	1	是否符合管线标高原则	风管、线槽、有压和无压管道均按管底标高表示，考虑检修空间，考虑保温后管道外径变化情况
	2	是否符合管线避让原则	有压管让无压管；小管线让大管线；施工简单管让施工复杂管；冷水管道避让热水管道；附件少的管道避让附件多的管道；临时管道避让永久管道
	3	审核吊顶标高	整合建筑设计单位及装饰单位图纸
	4	审核走廊、中庭等净高度、宽度、梁高	审查结构和机电图纸给定的条件
	5	确定管道保温厚度、管道附件设置	审查机电管线图纸
	6	审定管道穿墙、穿梁预留孔洞位置标高	审查结构和机电专业图纸碰撞点
	7	暖通风管、消防排烟风管的走向、标高及设备位置的复核	提出要求，满足效果要求下修正尺寸
	8	通风口、排风口的位置是否正确，风口的大小是否符合要求	提出要求，满足效果要求下修正尺寸
	9	综合管线排布审核，强电桥架线路图纸的复核；弱电桥架、系统点位的复核	

图 5.2.5.1-2 管线综合检查主要内容

图 5.2.5.2-1 区间站模型

大于等于 1200mm 的管线，应考虑从两侧进行检修，管线检修的空间一般应满足 0.6m，最小不应小于 0.4m。示意如图 5.2.5.2-3 所示。

2）合理优化电动阀执行器的位置、手动阀操作手柄的位置、立管风阀安装高度以及风阀更换、检修空间。示意如图 5.2.5.2-4 所示。

3）合理优化机电管线立管位置及安装方式。示意如图 5.2.5.2-5 所示。

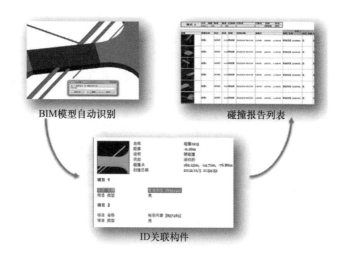

图 5.2.5.2-2 碰撞检查

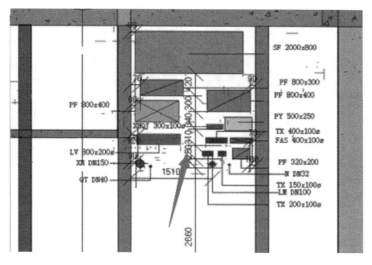

图 5.2.5.2-3 检修空间优化

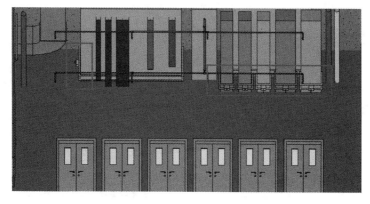

图 5.2.5.2-4 管线优化

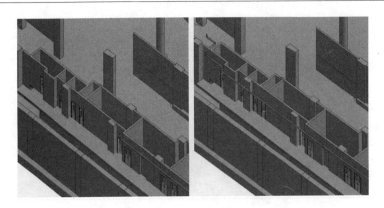

图 5.2.5.2-5　优化立管位置

4. 现场复核

1）土建施工阶段现场复核

结合施工现场，核对建筑、结构模型，使建筑、结构模型做到与现场一致，保证后续工作的准确性。示意如图 5.2.5.2-6 和图 5.2.5.2-7 所示。

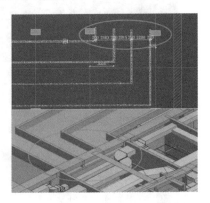

图 5.2.5.2-6　现场核对结构实体　　　图 5.2.5.2-7　核对模型与图纸

2）机电施工阶段现场复核

控制施工过程中管线综合方案的实施，复核安装施工对机电设备安装的影响，发现问题及时调整。示意如图 5.2.5.2-8 和图 5.2.5.2-9 所示。

图 5.2.5.2-8　机电管廊安装现场图　　图 5.2.5.2-9　机电管廊 BIM 模型图

5. 深化施工设计

1）三维成果交底培训

结合项目现场施工进度及技术需求，为施工单位做 BIM 成果交底、指导 BIM 软件应用。示意如图 5.2.5.2-10 所示。

图 5.2.5.2-10　交底培训

2）BIM 交底视频

利用 BIM 技术，对标准工艺工法形成交底视频，展示要点及工艺名称如表 5.2.5.2 所示。

BIM 交底视频展示内容

表 5.2.5.2

工艺名称	展示要点	工艺名称	展示要点
砌筑工程	测量放线	风机安装工艺流程	吊运
	砖体保湿		风机安装
	水泥砂浆	电气配管安装工艺流程	管路连接
	立皮数杆		线管固定
	铺辉		稳住箱盒
	一顺一丁法	桥架安装工艺流程	放线
	梅花丁法		支架安装
	三顺一丁法		桥架敷设安装
	压顶砖砌法	风阀安装工艺流程	支架安装
	马牙槽		风阀安装
风管安装工艺流程	展开下料		控制要点
	底座安装	潜污泵安装工艺	底座安装
	横担安装		潜污泵安装
	支架安装		导轨安装
支吊架安装工艺流程	展开下料	管道安装工艺流程	
	底座安装	空调机房安装工艺流程	
	槽钢安装	空调机组安装工艺流程	
	横担安装	真空排污泵安装工艺流程	
消声器安装工艺流程	吊运	套管预埋防火封堵工艺流程	
	消声片组装	灯具安装工艺流程	
	固定架安装	线缆敷设安装工艺流程	

3) 形成预留孔洞图

由三维断面深化，导出墙体孔洞图，指导墙体留洞。示意如图 5.2.5.2-11 所示。

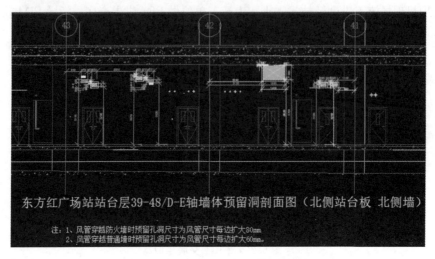

图 5.2.5.2-11 导出的 CAD 孔洞图

4) 管综断面图

管线优化排布后形成管线综合断面图及管线综合平面图，指导支吊架设计，辅助算量及生产加工。示意如图 5.2.5.2-12 所示。

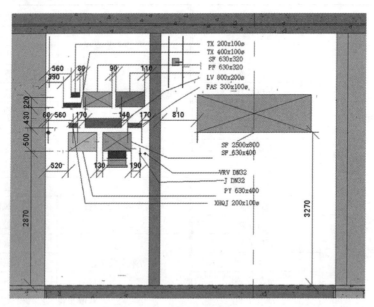

图 5.2.5.2-12 管线综合断面图

5) 工序模拟

对车站完整施工计划制作机电管线施工模拟动画，更好的使用 BIM 技术指导施工。

6) 竣工交付

按照竣工交付标准要求完善竣工交付模型，上传至 BIM 数据集成与交付平台；以

BIM 竣工模型为基础，收集设计、施工中的属性数据、文档数据；提供快速查询与统计，实现资料数字化归档，辅助竣工交付管理。

资产清册采集流程如图 5.2.5.2-13 和图 5.2.5.2-14 所示。

图 5.2.5.2-13　管线综合断面图

首先，按照城市轨道交通资产管理规范，对资产进行分类与编码。

分类与代码				设施设备名称
大类	小类	大组	小组	
04				通风、空调与供暖
04	01			通风空调系统
04	01	01		风机子系统
04	01	01	01	大型轴流风机
04	01	01	02	小型轴流风机
04	01	01	03	射流风机

资产分类
- 02 线路设备
- 03 电动客车
- 04 通风、空调与供暖
- 05 给排水与消防系统
- 06 供电
- 07 通信
- 08 信号
- 09 电梯与自动扶梯
- 10 自动售检票（AFC）
- 11 乘客信息系统
- 12 火灾自动报警（FAS）
- 13 环境与设备监控
- 14 站台门系统
- 15 ACC 与 TCC 设备
- 16 通用机房设备
- 17 通用测量设备
- 18 综合监控系统
- 19 人防安防
- 98 经营设施设备
- 99 办公及生活类设施设备

XX——XX—XX—XX—XX——XXXX

————序列码

————设备设施分类代码

————初始线路代码

设备设施的编码为初始线路编码（2 位）+"-"（分隔符）+分类代码（8 位）+"-"（分隔符）+顺序号（4 位），共 16 位

例如：1 号线 XX 站某台大型轴流风机，其编码为 01-04010101-0001

其中：01 为线路代码，04010101 为设备设施分类标准中的设备归属分类，0001 为顺序码（第一台）

图 5.2.5.2-14　资产管理分类与编码

其次，要求设备厂家提供设备构件库的精度至少达到 LOD400，其主要构件的外形精准尺寸，构件细部外形尺寸，达到初步加工级别。通用非几何信息、专属信息精准信息描述，达到采购要求。示意如图 5.2.5.2-15 所示。

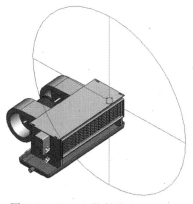

图 5.2.5.2-15　构件精度 LOD400

通用非几何信息主要包括：关键参数、性能、规格；构件连接及安装方式；材质信息等。

构件专属信息主要包括：制造商信息、供应商信息、材料价格信息、运维阶段的维修维护信息等。示意如图 5.2.5.2-16～图 5.2.5.2-18 所示。

序号	信息描述	通用非几何信息深度等级（● 表示包含）				
		一级	二级	三级	四级	五级
1	风量、流量、制冷量、加热量、压力、扬程、设备功率、设备容量、功率因数、计算电流、灯具瓦数、照度、抗压强度、电压等级、额定电流、开断能力、频率、输入输出电压、变比、绝缘强度、爬电距离、转速、容积、色温、显色等数据信息		●	●	●	●
2	构件材质信息		●	●	●	●
3	计算基础数据、图表和相关调节值信息			●	●	●
4	构件的安装方式、管线连接方式及安装方法			●	●	●

序号	信息描述	通用非几何信息深度等级（● 表示包含）				
		一级	二级	三级	四级	五级
5	构件的隔声、防水、防火、防腐、温度要求			●	●	●
6	构件的规格、型号、类型		●	●	●	●
7	构件的安装工艺要求				●	●

图 5.2.5.2-16　通用非几何信息内容

序号	信息描述	专属信息深度等级（● 表示包含）				
		一级	二级	三级	四级	五级
1	构件编码	●	●	●	●	●
2	构件所属制造商信息				●	●
3	构件所属供应商信息				●	●
4	构件质量等级，采购价格				●	●
5	安装完成后的构件、设备管理信息（供运维使用）					●
6	供安装调试和运维使用构件、设备详细信息					●
7	维修及保养记录					●

图 5.2.5.2-17　专属信息内容

最后，将车站全专业模型集成至交付平台。平台提供按站点、专业、构件层级进行资产查询和快速定位功能，可查询设备的基本信息、维修属性、质保属性、财务属性、用户需求书、现场照片等详细信息。示意如图 5.2.5.2-19 所示。

可以按照城市轨道交通工程全过程的各阶段（立项、初步设计、施工图设计、土建施工、设备采购、设备施工、竣工交付等）进行各类批复文件、验收审核文件、研究报告等归档文件的查询。示意如图 5.2.5.2-20 所示。

构造	
风机形式	离心式，前向多翼
电机形式	永久式电容电机
净重	12.7 kg
材质和装饰	
黑色	黑色
镀锌钢	镀锌钢
螺母材质	螺母材质
蓝漆	蓝油漆
塑料	塑料
电气 - 负荷	
输入功率	46.00 W
机械	
额定风量	340.000 m³/s
热量	3100.00 W
水量	6.3 l/min
水压降	20 kPa
噪声值	40 dB
冷量	1900.00 W
尺寸标注	
风机宽度	246.0
风口线	10.0
钢板厚度	3.0
水盘厚度	5.0
水盘余长（报告）	110.0
吊孔长	20.0
吊孔宽	8.0
公称直径	25.0
H	550.0
A	690.0

图 5.2.5.2-18　构件属性表

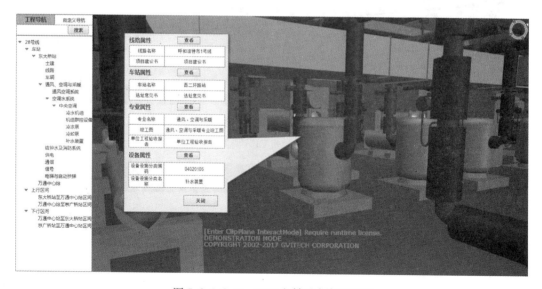

图 5.2.5.2-19　BIM 交付平台资产查询

6. 基于 BIM 协调与管理

BIM 技术的实施过程中不仅要解决工程中机电管线系统复杂、空间紧凑、排布困难等技术问题，更要利用 BIM 协调各参与方解决问题，保障 BIM 实施效果，并在实施过程中提升各方之间的沟通质量与效率。协同平台示意如图 5.2.5.2-21 和图 5.2.5.2-22 所示。

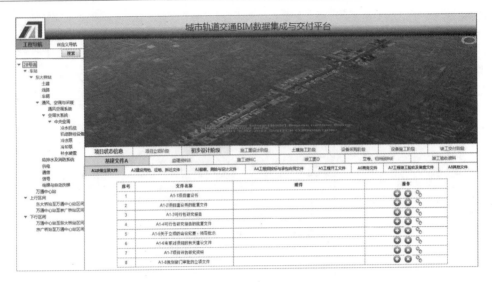

图 5.2.5.2-20 BIM 交付平台资产归档资料查询

图 5.2.5.2-21 兰州 BIM 协同工作平台

图 5.2.5.2-22 兰州 BIM 协同工作平台东方红广场站资料

5.2.5.3　实践经验

通过 BIM 在东方红广场设备施工阶段的应用有以下经验，如表 5.2.5.3 所示。

BIM 实施经验　　　　　　　　　　　　表 5.2.5.3

经验	解决问题
通过三维正向设计，提高设计效率和设计质量，能够解决单专业问题	解决电动阀执行器的位置、手动阀操作手柄的位置、立管风阀安装高度以及风阀更换、检修空间预留的问题
	解决阀门类型及数量调整的问题，并以明细表的形式向施工单位交底
	解决设备管线交叉较为严重的问题，并为设计师提供不同解决方案
	解决重要设备配电及线槽位置选择的问题
	解决结构站台板与建筑楼板不一致的问题
以"所见即所得"方式，多专业协同，能够解决大量的碰撞	解决设备系统管线与结构柱之间的碰撞问题
	解决管底空间不足，框架梁上翻问题
	解决管线阻挡设备吊钩和风孔问题
	解决站厅层公共区大系统风管通过叉梁问题
	解决消火栓箱与门位置碰撞的问题，以及消火栓箱位置与墙体位置不符的问题
	解决设备区走廊内消火栓箱影响疏散通道宽度的问题
	解决风管立管与结构预留洞口位置不符及结构预留洞口偏小的问题
	解决环控风管与轨顶风道位置冲突的问题
	解决站厅层和站台层立管对接问题
	解决紧邻轨行区布设吊顶的问题
合理的管线排布，既保证安装、维护空间又保证美观	解决管线安装完成后，检修空间的问题解决了机房管线的安装空间、风阀的操作空间、管线的检修空间、电动设备系统配线空间以及支吊架有效生根等问题
	解决通风管道与设备间距问题
	解决配电用房内管线净高要求以及运输门洞和可拆墙外面的管线净高要求问题
	解决设备区走廊综合支吊架的问题
	解决轨行区环空风管与水管立管交叉的问题
	解决公共区管线不满足吊顶标高或不满足设备运输通道要求的问题
	解决公共区风口安装标高的问题
	解决多联机与装修照明灯带位置冲突的问题
	解决防火卷帘无法安装及建筑门无法开启的问题
解决了墙洞预留问题，有效减少了现场的预留洞口的凿改	

185

参 考 文 献

[1] CJJ/T 114—2007，城市公共交通分类标准[S]. 北京：中国建筑工业出版社，2007.

[2] 2018—2023 年中国城市轨道交通行业市场前瞻与投资战略规划分析报告[M]. 前瞻产业研究院.

[3] 丁志华. 新型交通方式在城市交通中的适用性研究[M]. 南京林业大学，2012.

[4] 魏庆朝，潘姿华，臧传臻. 城市轨道交通制式分类及适用性[J]. 都市快轨交通，2017.

[5] 李建国. 图解城市轨道交通 [M]. 北京：机械工业出版社，2016.

[6] GB/T 51212—2016，建筑信息模型应用统一标准[S]. 中华人民共和国住房和城乡建设部，2016.

[7] 陆泽荣，刘占省. BIM 应用与项目管理[M]. 北京：中国建筑工业出版社，2018.

[8] 贺琼. 交通基础设施投融资方式及管理创新研究[J]. 武汉大学学报，2001.

[9] 徐明明. 基于 TOD 与 SOD 模式下城市轨道交通枢纽交通换乘布局研究[D]. 北京交通大学，2013.

[10] 黄志华. 城市轨道交通工程建设管理模式比较研究[D]. 同济大学，2008.

[11] 建质[2013] 160 号. 住房城乡建设部关于印发城市轨道交通工程设计文件编制深度规定的通知[S]. 住房和城乡建设部，2013.

[12] 侯博. 城市轨道交通工程项目招标风险管理研究[D]. 华北电力大学，2010.

[13] 魏颖. 土建工程的造价管理和施工图预算编制方法探讨[J]. 科技创新与应用，2015.

[14] 城市轨道交通设备安装调试作业指南[M]中国建筑工业出版社，2015.

[15] 北京市轨道交通新建线路运营设备设施验收手册[S]. 北京市交通委员会，2012.

[16] 北京轨道交通资产管理信息系统编码规范(2018 版)[S]. 北京市基础设施投资有限公司，2018.

[17] 中国城市轨道交通协会信息. 城市轨道交通 2016 年度统计和分析报告第 1 期（总第 15 期）[J]. 2017.

[18] 杨国华，匡嘉智. 轨道交通项目 BIM+GIS 系统探讨[J]. 中国勘察设计，2016.

[19] 钱意. BIM 与 GIS 的有效结合在轨交全寿命周期中的应用探讨[J]. 地下工程与隧道，2013：40-42.

[20] 于国，张宗才等. 结合 BIM 与 GIS 的工程项目场景可视化与信息管理[J]. 施工技术，2016：561-565.

[21] 蔡蔚. 建筑信息模型(BIM)技术在城市轨道交通项目管理中的应用与探索[J]. 城市轨道交通研究，2014.

[22] 张成方，李超. BIM 软件及理念在工程应用方面的现状综述与分析[J]. 科技创新与应用，2013：82-82.

[23] 苏艺，汪国锋，赵雪锋. BIM 技术在某地铁站点建设中的应用研究[J]. 中国科技信息，2014：68-70.

[24] 王玉泽. BIM 技术在轨道交通的应用探讨[J]. 铁路技术创新，2014：19-22.

[25] 刘铁民，曹明华. 城市轨道交通行业建设阶段建筑信息模型的应用[J]. 城市轨道交通研究，2015：7-10.

[26] 惠娟利. BIM 在地铁建设中的应用分析[J]. 山西建筑，2014(33)：287-288.

[27] 李永明. BIM 技术在地铁工程设计中的应用探究[J]. 2017.

[28] 杨科，康登泽，车传波，徐鹏. 基于 BIM 的碰撞检查在协同设计中的研究[J]. 2013.

[29] 习云航. 数据采集技术在施工现场管理中的应用研究[D]. 大连理工大学，2015.

[30] 李亚东，郎灏川，吴天华. 现场扫描结合 BIM 技术在工程实施中的应用[J]. 施工技术，2012，41

(18)：19-22.

[31] 冀程.BIM 技术在城市轨道交通工程设计中的应用[J].地下空间与工程学报，2014：1663-1668.

[32] 李秀峰.BIM 技术在设计中的应用实现[J].建筑工程技术与设计，2016.

[33] 韩超.城市轨道交通车站站区一体化设计[J].现代城市轨道交通，2009.

[34] 陈辰，李庆平.基于 BIM 技术的三维管线综合[J].土木建筑工程信息，2012.

[35] 范礼乾.BIM 技术在城市轨道交通工程设计中的应用研究[J].2017 城市轨道交通关键技术论坛暨第 26 届地铁学术交流会.

[36] 翁承显.城市轨道交通企业 BIM 技术应用探讨[J].绿色交通，2017：240.

[37] 辛佐先.城市轨道交通项目建筑信息模型（BIM）应用模式研究[J].城市轨道交通研究，2014：23-27.

[38] 陈前等.浅谈 BIM 技术及其应用[J].价值工程，2012：61-62.

[39] 李兆堃.BIM 在建筑可持续设计中的应用[J].苏州科技学院学报（自然科学版），2012：544-548.

[40] 过俊.BIM 在国内建筑全生命周期的典型应用[J].建筑技艺，2011：95-99.

[41] 张琛忠，周宏韬.BIM 技术在重庆轨道交通五号线设计与施工过程中的应用[J].绿色交通，2017：278-280.

[42] 陈丽娟.基于 BIM 的地铁施工空间安全管理研究[D].华中科技大学，2012.

[43] 欧阳业伟，石开荣，张原.基于 BIM 的地铁工程施工进度管理方法研究[J].建筑技术，2017.48（3）：271-274.

[44] 甘露.BIM 技术在施工项目进度管理中的应用研究[D].大连理工大学，2014.

[45] 赵彬，王友群，牛博生.基于 BIM 的 4D 虚拟建造技术在工程项目进度管理中的应用[D].重庆大学，2011.

[46] 路耀邦，高军伟，刘东亮.BIM 技术在地铁暗挖车站施工中的应用[J].施工技术，2015：679-682.

[47] 谢校亭，赵富壮，张元春.BIM 技术在地铁暗挖风道施工中的应用[J].市政技术，2016：105-108.

[48] 陈威，秦雯.BIM 在陈翔路地道工程中的应用[J].土木建筑工程信息技术，2012：88-93.

[49] 何晨琛，王晓鸣，吴晶霞.基于 BIM 的建设项目进度控制研究[J].建筑经济，2015：33-35.

[50] 尹龙，王启光，路耀邦.基于 BIM 技术的仿真模拟在地暗挖隧道施工中的应用[J].土木建筑工程信息技术，2015：75-78.

[51] 杨国华，刘春艳.轨道交通项目 BIM＋GIS 云平台建设研究[J].土木建筑工程信息技术，2017.

[52] 姜晨光.地铁工程技术[M].化学工业出版社，2010.

[53] 陈甫亮.基于 BIM 技术的施工方案优化研究[J].长沙理工大学，2014.

[54] 张邻.基于 BIM 与 GIS 技术在场地分析上的应用研究[J].四川建筑科学研究，2014.

[55] 刘润红，增媛，申贵珍等.BIM 在国内的研究现状及应用阻碍[J].建筑工程技术与设计，2015.

[56] 赵庆武.基于施工总承包模式下的地铁风险管理研究[J].铁道工程学报，2017：101.

[57] 王珺.BIM 理念及 BIM 软件在建设项目中的应用研究[D].西南交通大学，2011.

[58] 李多贵.BIM 在地铁工程的应用初探[J].工程质量，2013：52-54.

[59] 王雪青，张康照，谢银.基于 BIM 实时施工模型的 4D 模拟[J].广西大学学报，2012：814-819.

[60] 何关培.BIM 和 BIM 相关软件[J].土木建筑工程信息技术，2010：110-117.

[61] 余冬.参数化建筑信息模型（BIM）技术的应用探究[J].中国设备工程，2016：164-165.

[62] 吴守荣，李琪，孙槐园等.BIM 技术在城市轨道交通工程施工管理中的应用与研究[J].铁道标准设计，2016：115-119.

[63] 陈龙，李东旭，卢云祥等.BIM 技术在地铁站土建施工中的应用[J].绿色建筑，2018：60-61.

［64］ 杨立炜．BIM 技术在建筑工程中的应用[J]．山西建筑，2016：235-237.

［65］ 初玉婷．BIM 技术在建筑工程施工管理中的实践[J]．山东工业技术，2018.

［66］ 刘欢欢，段宗志，彭志文．BIM 技术在精细化施工管理中的应用[J]．洛阳理工学院学报，2016.

［67］ 刘艳利．基于"互联网＋"BIM 技术的建筑工程施工管理研究[J]．工程经济，2018.

［68］ 王新槐．BIM 技术在项目施工管理中的应用探索[J]．智能管理，2018.

［69］ 戴林发宝．隧道工程 BIM 应用现状与存在问题综述[J]．铁道标准设计，2015.

［70］ 赵玉军．BIM 技术在地铁机电工程项目管理中的应用及作用[J]．城市建设理论研究，2014.

［71］ 郑成浩．BIM 技术在地铁综合体项目管理中的研究及典型应用[J]．中国工程咨询，2016.

附件　建筑信息化工程师岗位技术培训与考核项目管理办法

北京绿色建筑产业联盟文件

联盟　通字　【2018】09 号

通　知

各会员单位，BIM 技术教学点、报名点、考点、考务联络处以及有关参加考试的人员：

根据国务院《2017—2020 年建筑业信息化发展纲要》《关于促进建筑业持续健康发展的意见》（国办发［2017］19 号），以及住房城乡建设部《关于推进建筑信息模型应用的指导意见》《建筑信息模型应用统一标准》等文件精神，北京绿色建筑产业联盟组织开展的全国建筑信息化工程师岗位技术培训与考核项目，各项培训、考试、推广等工作均在有效、有序、有力的推进。为了更好地培养和选拔优秀的实用性 BIM 技术人才，搭建完善的教学体系、考评体系和服务体系。我联盟根据实际情况需要，组织建筑业行业内 BIM 技术经验丰富的一线专家学者，对本项目在 2015 年出版的 BIM 工程师培训辅导教材和考试管理办法进行了修订。现将修订后的《建筑信息化工程师岗位技术培训与考核项目管理办法》公开发布，2019 年 2 月 1 日起开始施行。

特此通知，请各有关人员遵照执行！

附件：建筑信息化工程师岗位技术培训与考核项目管理办法　全文

二〇一九年一月十五日

建筑信息化工程师岗位技术培训与考核项目管理办法

建筑业关键岗位高新技能人才培养工程具体是指以北京绿色建筑产业联盟的名义设立并开展覆盖建筑行业重点关键岗位高新技能人才培养课程体系面向社会推广的人才培养系统工程，对培训与考核成绩合格人员，北京绿色建筑产业联盟向学员颁发【岗位技术证书】（非国家职业资格证书）。

本人才培养系统工程中设立的建筑信息化工程师岗位技术培训与考核项目是采取产教融合、理论实践结合、线上与线下相结合的模式，在课程设置、培训模式、教学管理、人才发展等方面具有较强的系统性和实践性。为了提高学员学习效果，检验学员学习过程中知识掌握的程度，特制定《建筑信息化工程师岗位技术培训与考核项目管理办法》。

一、培训与考核评估岗位

（一）综合类岗位

1. 建筑信息化工程师（BIM 建模技术）
2. 建筑信息化工程师（BIM 项目管理）
3. 建筑信息化工程师（BIM 战略规划）

（二）专业类岗位

4. 建筑信息化工程师（BIM 造价方向）
5. 建筑信息化工程师（BIM 装饰方向）
6. 建筑信息化工程师（BIM 电力方向）
7. 建筑信息化工程师（BIM 轨道交通方向）
8. 建筑信息化工程师（BIM 装配式建筑方向）
9. 建筑信息化工程师（BIM 机电方向）
10. 建筑信息化工程师（BIM 路桥方向）
11. 建筑信息化工程师（BIM 市政方向）
12. 建筑信息化工程师（BIM 系统开发方向）
13. 建筑信息化工程师（BIM 运营维护方向）
14. 建筑信息化工程师（BIM 建筑专项设计方向）
15. 建筑信息化工程师（工程动画方向）
16. 建筑信息化工程师（BIM 铁路工程方向）

二、考核对象及报名条件

（一）考核对象

工程类、工程经济类、财经、管理、计算机等相关专业的在校大学生、高校教师，以及相关专业毕业从事工程项目设计与施工技术和管理工作涉及建筑信息化专项技术有关业务的从业人员。

（二）报名条件

满足下列条件之一的有关人员均可参加培训与评估：

1. 在校大学生已经选修过建筑信息化相关 BIM 技术有关理论知识、实操技能、综合案例分析相关课程的；

2. 从事工程项目施工设计与施工技术和管理人员已经掌握相关理论知识和经过 BIM 技术有关应用能力训练的；

3. 社会有关从业人员参加过相关机构的 BIM 技术有关理论与实践相结合系统培训，具备 BIM 技术专项技能的。

三、报名时间及报名方式

（一）报名与考核评估时间

	第一次	第二次	第三次	第四次	第五次	第六次
报名时间	2月1至3月10日	4月1至5月10日	6月1至7月10日	8月1至9月10日	10月1日至11月10日	12月1至1月10日
考核时间	4月第三个周六	6月第三个周六	8月第三个周六	10月第三个周六	12月第三个周六	次年2月第三个周六

（二）报名方式

1. 个人报名方式

报名人员统一登录：www.bjgba.com 网站提交考核评估申请，并缴纳相关费用。具体流程：

① 报名人员注册；②完善个人档案；③选择考核评估岗位；④选择培训方式；⑤选择报名人员所在地；⑥缴纳考核评估费用；⑦完成报名。

2. 集体报名方式

凡是参加由学校、教学点、考点考站、联络办事处、报名点等机构组织开展现场面授培训学习的有关报名人员，可由机构统一代报名。报名人员信息将会在 www.bjgba.com 网站上查询。

四、考核评估规则

（一）准考证打印

准考证信息会在考核评估前十天由系统自动生成，报名人员可登录 www.bjgba.com（建筑信息化 BIM 技术人才培养工程综合服务平台）进行打印。

（二）考核评估方式

评估考核采取四统一原则，即统一辅导教材、统一考核时间、统一考核大纲、统一考试试题。

1. 考核评估采取计算机答题的方式，参加考核评估人员统一登录远程网络考核评估系统进行答题，网址：exame.bjgba.com。

2. 考核评估试卷及试题按照《考试大纲》要求自动生成，各参考人员试题均不一致。

（三）考场安排

除港澳台外，其余省会、直辖市均设有现场考核点。报名人员可根据自身实际情况就近选择现场考核点。现场考核地点以平台公示为准。

五、培训与学习要求

本项目评估考核的命题范围和依据是选自北京绿色建筑产业联盟组织编写，由中国建筑工业出版社出版发行的"BIM技术系列岗位人才培养项目辅导教材"和"建筑信息化服务技术人员职业技术辅导教材"系列丛书及考试大纲之中的内容，学员参加培训学习时应考虑知识体系和命题范围等因素，选用学习用书和学习内容，各岗位理论与实践操作学习时长应不少于120学时。

1. 建筑信息化工程师（BIM 建模技术）

学习内容包括《BIM技术概论》《BIM建模应用技术》《BIM设计施工综合技能与实务》理论知识及实践操作，共三个科目。

2. 建筑信息化工程师（BIM 项目管理）

学习内容包括《BIM技术概论》《BIM建模应用技术》《BIM应用与项目管理》《BIM应用案例分析》理论知识及实践操作，共四个科目。

3. 建筑信息化工程师（BIM 战略规划）

学习内容包括《BIM技术概论》《BIM应用案例分析》《BIM应用与项目管理》《BIM应用案例分析》《论文书写攻略》理论知识及实践操作，共五个科目。

4. 建筑信息化工程师（BIM 造价方向）

学习内容包括《BIM造价专业基础知识》《BIM造价专业操作实务》理论知识及实践操作，共二个科目。

5. 建筑信息化工程师（BIM 装饰方向）

学习内容包括《BIM装饰专业基础知识》《BIM装饰专业操作实务》理论知识及实践操作，共二个科目。

6. 建筑信息化工程师（BIM 电力方向）

学习内容包括《BIM电力专业基础知识与操作实务》理论知识及实践操作，共一个科目。

7. 建筑信息化工程师（BIM 轨道交通方向）

学习内容包括《BIM轨道交通专业基础知识》《BIM轨道交通专业操作实务》理论知识及实践操作，共二个科目。

8. 建筑信息化工程师（BIM 装配式建筑方向）

学习内容包括《装配式钢结构建筑与BIM应用》《装配式建筑BIM技术概论》《装配

式建筑 BIM 操作实务》理论知识及实践操作，共三个科目。

9. 建筑信息化工程师（BIM 机电方向）

学习内容包括《BIM 机电专业基础知识》《BIM 机电专业操作实务》理论知识及实践操作，共二个科目。

10. 建筑信息化工程师（BIM 路桥方向）

学习内容包括《BIM 路桥专业基础知识》《BIM 路桥专业操作实务》理论知识及实践操作，共二个科目。

11. 建筑信息化工程师（BIM 市政方向）

学习内容包括《BIM 市政专业基础知识》《BIM 市政专业操作实务》理论知识及实践操作，共二个科目。

12. 建筑信息化工程师（BIM 系统开发方向）

学习内容包括《BIM 系统开发专业基础知识》《BIM 系统开发专业操作实务》理论知识及实践操作，共二个科目。

13. 建筑信息化工程师（BIM 运营维护方向）

学习内容包括《BIM 运营维护基础知识与操作实务》《BIM 技术概论》《三维扫描与 BIM 技术应用》理论知识及实践操作，共三个科目。

14. 建筑信息化工程师（BIM 建筑专项设计方向）

学习内容包括《BIM 技术概论》《BIM 建模应用技术》《BIM 应用与项目管理》《BIM 应用案例分析》《BIM 设计施工综合技能与实务》《ARCHICAD 基础应用》理论知识及实践操作，共六个科目。

15. 建筑信息化工程师（工程动画方向）

学习内容包括《建筑工程动画基础知识》《建筑工程模型创建》《灯光材质与渲染》理论知识及实践操作，共三个科目。

16. 建筑信息化工程师（BIM 铁路工程方向）

学习内容包括《铁路工程 BIM 基础知识》，共一个科目。

六、考核评估内容

（一）各岗位考核科目

1. 建筑信息化工程师（BIM 建模技术）：《BIM 技术概论》《BIM 建模应用技术》《BIM 设计施工综合技能与实务》，共三个科目。

2. 建筑信息化工程师（BIM 项目管理）：《BIM 技术概论》《BIM 建模应用技术》《BIM 应用与项目管理》《BIM 应用案例分析》，共四个科目。

3. 建筑信息化工程师（BIM 战略规划）培训课程：《BIM 技术概论》《BIM 应用案例分析》，完成以上两个科目的考核后 10 日内提交自拟题目论文一篇。

4. 建筑信息化工程师（BIM 造价方向）：《BIM 造价专业基础知识》《BIM 造价专业操作实务》，共二个科目。

5. 建筑信息化工程师（BIM 装饰方向）：《BIM 装饰专业基础知识》《BIM 装饰专业操作实务》，共二个科目。

6. 建筑信息化工程师（BIM 电力方向）：《BIM 电力专业基础知识与操作实务》，共一个科目。

7. 建筑信息化工程师（BIM 轨道交通方向）：《BIM 轨道交通专业基础知识》《BIM 轨道交通专业操作实务》，共二个科目。

8. 建筑信息化工程师（BIM 装配式建筑方向）：《装配式钢结构建筑与 BIM 应用》《装配式建筑 BIM 技术概论》《装配式建筑 BIM 操作实务》，共三个科目。

9. 建筑信息化工程师（BIM 机电方向）：《BIM 机电专业基础知识》《BIM 机电专业操作实务》，共二个科目。

10. 建筑信息化工程师（BIM 路桥方向）：《BIM 路桥专业基础知识》《BIM 路桥专业操作实务》，共二个科目。

11. 建筑信息化工程师（BIM 市政方向）：《BIM 市政专业基础知识》《BIM 市政专业操作实务》，共二个科目。

12. 建筑信息化工程师（BIM 系统开发方向）：《BIM 系统开发专业基础知识与操作实务》，共一个科目。

13. 建筑信息化工程师（BIM 运营维护方向）：《BIM 运营维护基础知识与操作实务》《BIM 技术概论》《三维扫描与 BIM 技术应用》，共三个科目。

14. 建筑信息化工程师（BIM 建筑专项设计方向）：《BIM 技术概论》《BIM 建模应用技术》《BIM 设计施工综合技能与实务》，共三个科目。

15. 建筑信息化工程师（工程动画方向）：《建筑工程模型创建》，共一个科目。

16. 建筑信息化工程师（铁路工程方向）：《铁路工程 BIM 基础知识》，共一个科目。

（二）题型、题量、分值

序号	科目名称	题量与分值	时间安排
1	《BIM 技术概论》	单选题 30 题，每题 2 分，共 60 分。多选题 10 题，每题 4 分，共 40 分	8：30—10：00，共计 90 分钟
2	《BIM 建模应用技术》		10：30—12：00，共计 90 分钟
3	《BIM 应用与项目管理》		14：00—15：30，共计 90 分钟
4	《BIM 应用案例分析》	单选题 10 题，每题 2 分，共 20 分。多选题 5 题，每题 4 分，共 20 分。案例分析题 3 题，每题 20 分，共 60 分	16：00—18：00，共计 120 分钟
5	《BIM 设计施工综合技能与实务》	每套试卷中土建专业建模题 4 题共 100 分，机电专业建模题 4 题共 100 分。其中：建模题每题 25 分，考生根据自身掌握的建模专业知识自选土建专业或机电专业答题	14：00—17：00，共计 180 分钟
6	《BIM 电力专业基础知识与操作实务》	单选题共 40 题，每题 1 分，共 40 分。多选题共 20 题，每题 2 分，共 40 分。简答题共 4 题，每题 5 分共 20 分	8：30—10：30，共计 120 分钟
7	《BIM 装饰专业基础知识》	单选题共 40 题，每题 1 分，共 40 分。多选题共 20 题，每题 2 分，共 40 分。简答题共 4 题，每题 5 分，共 20 分	8：30—10：30，共计 120 分钟

续表

序号	科目名称	题量与分值	时间安排
8	《BIM 装饰专业操作实务》	工装建模软件操作共 2 题，每题 30 分，共 60 分。家装建模软件操作共 2 题，每题 20 分，共 40 分	14:00—17:00，共计 180 分钟
9	《BIM 造价专业基础知识》	单选题共 40 题，每题 1 分，共 40 分。多选题共 20 题，每题 2 分，共 40 分。简答题共 4 题，每题 5 分，共 20 分	8:30—10:30，共计 120 分钟
10	《BIM 造价专业操作实务》	土建计量与计价 4 题，每题 25 分，共 100 分。安装计量与计价 4 题，每题 25 分，共 100 分	14:00—17:00，共计 180 分钟
11	《BIM 机电专业基础知识》	单选题共 40 题，每题 1 分，共 40 分。多选题共 20 题，每题 2 分，共 40 分。简答题共 4 题，每题 5 分，共 20 分	8:30—10:30，共计 120 分钟
12	《BIM 机电专业操作实务》	模型题共 4 题，每题 25 分，共 100 分	14:00—17:00，共计 180 分钟
13	《BIM 市政专业基础知识》	单选题共 40 题，每题 1 分，共 40 分。多选题共 20 题，每题 2 分，共 40 分。简答题共 4 题，每题 5 分，共 20 分	8:30—10:30，共计 120 分钟
14	《BIM 市政专业操作实务》	模型题共 4 题，每题 25 分，共 100 分	14:00—17:00，共计 180 分钟
15	《装配式钢结构建筑与 BIM 应用》	单选题共 30 题，每题 2 分，共 60 分。多选题共 10 题，每题 4 分，共 40 分	8:30—10:00，共计 90 分钟
16	《装配式建筑 BIM 技术概论》		10:30—12:00，共计 90 分钟
17	《装配式建筑 BIM 操作实务》	模型题共 4 题，每题 25 分，共 100 分	14:00—17:00，共计 180 分钟
18	《BIM 路桥专业基础知识》	单选题共 40 题，每题 1 分，共 40 分。多选题共 20 题，每题 2 分，共 40 分。简答题共 4 题，每题 5 分，共 20 分	8:30—10:30，共计 120 分钟
19	《BIM 路桥专业操作实务》	模型题共 4 题，每题 25 分，共 100 分	14:00—17:00，共计 180 分钟
20	《BIM 系统开发专业基础知识与操作实务》		8:30—10:30，共计 120 分钟
21	《BIM 运营维护基础知识与操作实务》	单选题共 40 题，每题 1 分，共 40 分。多选题共 20 题，每题 2 分，共 40 分。简答题共 4 题，每题 5 分，共 20 分	8:30—10:30，共计 120 分钟
22	《三维扫描与 BIM 技术应用》		14:00—16:00，共计 120 分钟
23	《BIM 轨道交通专业基础知识》		8:30—10:30，共计 120 分钟
24	《铁路工程 BIM 基础知识》		8:30—10:30，共计 120 分钟

续表

序号	科目名称	题量与分值	时间安排
25	《BIM 轨道交通专业操作实务》	模型题共 4 题，每题 25 分，共 100 分	14：00—17：00，共计 180 分钟

七、成绩与证书颁发

1. 各科卷面分数 100 分，合格分数为 60 分。

2. 证书颁发：考核评估成绩合格者由北京绿色建筑产业联盟颁发《岗位技术证书》（非国家职业资格证书）。

3. 证书领取：

（1）个人报名人员成绩合格后的 30 个工作日内，由北京绿色建筑产业联盟考务处统一邮寄证书，或自行前来领取；

（2）由机构统一代报名的，成绩合格后北京绿色建筑产业联盟考务处统一将证书邮寄至代报机构，由代报机构负责证书的颁发。

4. 成绩查询时间：考核评估结束 30 个工作日，在官方网站 www.bjgba.com 查询。

5. 证书颁发时间：自成绩公布之日起 30 工作日。

6. 考核评估成绩有效期：相同考核评估岗位的各科目考核成绩长期有效。

八、有关费用的说明

考核评估费用包括：证书工本费、项目研发费、项目运营管理费、项目人力资源费、税金、项目办公经费、档案管理费、项目推广费、考试平台开发及维护费、考试场地费、命题费、阅卷费等费用。

（一）收费标准

1. 综合类岗位收费标准

（1）建筑信息化工程师（BIM 建模技术）：首次报名 380 元/人；考试未通过科目补考 100 元/科。

（2）建筑信息化工程师（BIM 项目管理）：首次报名 450 元/人；考试未通过科目补考 100 元/科。

（3）建筑信息化工程师（BIM 战略规划）：首次报名 450 元/人；考试未通过科目补考 100 元/科。

2. 专业类岗位收费标准

专业类岗位收费标准统一为首次报名 380 元/人；考试未通过科目补考 100 元/科。

（二）缴费方式与发票开具

个人申报人员可以直接通过 www.bjgba.com 网站进行考核评估费用的缴纳，支持微信支付和支付宝支付。个人报名成功后，可自行在平台申请发票。

通过机构代报名的，由机构统一收取考核评估费用。发票统一由代报机构开具。

九、其他

1. 本办法根据实际情况，每两年修订一次，同步在 www.bjgba.com 平台进行公示。

本办法由 BIM 技术系列岗位专业技能人才考评项目运营办公室负责解释。

2. 凡参与"建筑业重点关键岗位高新技能人才培养工程——建筑信息化工程师（BIM 系列）岗位技术培训与考核"项目的报名人员、BIM 技术培训机构、考试服务与管理、市场宣传推广、命题判卷、指导教材编写等工作的有关人员，均适用于执行本办法。

3. 本办法自 2019 年 4 月 1 日起执行。

北京绿色建筑产业联盟

二〇一九年三月